A VISTA DO MEU PONTO
uma deslumbrante forma de ver, pensar e sentir

Editora Appris Ltda.
1.ª Edição - Copyright© 2025 dos autores
Direitos de Edição Reservados à Editora Appris Ltda.

Nenhuma parte desta obra poderá ser utilizada indevidamente, sem estar de acordo com a Lei nº 9.610/98. Se incorreções forem encontradas, serão de exclusiva responsabilidade de seus organizadores. Foi realizado o Depósito Legal na Fundação Biblioteca Nacional, de acordo com as Leis nos 10.994, de 14/12/2004, e 12.192, de 14/01/2010.

Catalogação na Fonte
Elaborado por: Dayanne Leal Souza
Bibliotecária CRB 9/2162

P952v
2025
	Prim, Maurino
	   A vista do meu ponto: uma deslumbrante forma de ver, pensar e sentir / Maurino Prim. – 1. ed. – Curitiba: Appris, 2025.
	   189 p. ; 23 cm.
	
	   ISBN 978-65-250-7885-4
	
	   1. Poesia. 2. Crônicas. 3. Opiniões. 4. Entretenimento. 5. Orientações. 6. Educação. I. Prim, Maurino. II. Título.
	
	                                                 CDD – B869.91

Appris editorial

Editora e Livraria Appris Ltda.
Av. Manoel Ribas, 2265 – Mercês
Curitiba/PR – CEP: 80810-002
Tel. (41) 3156 - 4731
www.editoraappris.com.br

Printed in Brazil
Impresso no Brasil

Maurino Prim

A VISTA DO MEU PONTO
uma deslumbrante forma de ver, pensar e sentir

Curitiba, PR
2025

FICHA TÉCNICA

EDITORIAL	Augusto V. de A. Coelho
	Sara C. de Andrade Coelho
COMITÊ EDITORIAL	Ana El Achkar (Universo/RJ)
	Andréa Barbosa Gouveia (UFPR)
	Jacques de Lima Ferreira (UNOESC)
	Marília Andrade Torales Campos (UFPR)
	Patrícia L. Torres (PUCPR)
	Roberta Ecleide Kelly (NEPE)
	Toni Reis (UP)
CONSULTORES	Luiz Carlos Oliveira
	Maria Tereza R. Pahl
	Marli C. de Andrade
SUPERVISORA EDITORIAL	Renata C. Lopes
PRODUÇÃO EDITORIAL	Bruna Holmen
REVISÃO	Monalisa Morais Gobetti
DIAGRAMAÇÃO	Amélia Lopes
CAPA	Lucielli Trevisan
REVISÃO DE PROVA	Colméia Studios

Com lápis, caneta, papel a volver

Escrevo poemas com boa fruição

Vasculho segredos, provoco emoção

Desvendo canduras na senda do ser

Registro saberes sem a essência perder

A vida regada com certa agonia

Traduz com leveza e sagaz ironia

Aponto o luzeiro pra terna bondade

Espada fincada ferindo a maldade

Espalho feliz bom fluido e utopia.

(Maurino Prim)

AGRADECIMENTO

Primeiramente a Deus, pelo grande presente de conceder-me a vida e cumulá-la de grandes benefícios. Aos meus filhos Camila, Lucas e Isabele. A minha esposa, Marisete, pelo incondicional incentivo e apoio, que tornaram possível a concretização deste sonho. Aos familiares e amigos, parceiros de caminhada, sem os quais a vida perde o encanto e a beleza.

Aos familiares que acompanharam e se fizeram significativos ao longo da minha vida, sem os quais não teria uma trajetória tão exitosa. O ser humano não se faz por si mesmo. Recolhe um pouco em cada encontro e experiência. Por essa razão consigno a minha vida a todos que fizeram parte dela.

APRESENTAÇÃO

Este livro trata-se de uma coletânea de textos, que foram sendo escritos ao longo de minha vida. Mostram um jeito particular e intrigante de perceber, entender e sentir as peripécias humanas sob um olhar poético, filosófico, político e racional. Convido o leitor a fazer uma imersão no mundo real e fantástico que cada artigo oferece, descortinando a vista do meu ponto, acerca de um amplo conjunto temático. A obra apresenta textos curtos, médios e longos, dispostos de uma forma aleatória, permitindo uma leitura com a liberdade de escolher o assunto/título conforme o interesse do leitor.

Boa leitura!

PREFÁCIO

A imigração marcou o Brasil em seus aspectos socioeconômicos, muitas vezes relacionada diretamente com escravidão. Há que se considerar, notadamente no século XIX, a necessidade do deslocamento de grandes contingentes humanos na Europa. Eram sentidas as consequências das transformações que se operaram na economia mundial, sobretudo, em decorrência das inovações advindas com a Revolução Industrial. No rastro das grandes mudanças sociais que estavam ocorrendo em âmbito internacional, o Brasil, por sua vez também sentiu a necessidade de fomentar a transição do trabalho escravo para o livre, da monocultura para policultura, do latifúndio para o minifúndio.

No Brasil, a política de colonização operada pelo governo brasileiro objetivava o povoamento de territórios onde havia vazios demográficos e o assentamento de trabalhadores brancos, através da pequena propriedade rural, procurando implantar entendimentos de alinhamento validados pela nova ordem econômica mundial. Mediante a concessão de pequenos lotes de terras, inicialmente doados e depois vendidos, centenas de famílias de imigrantes originárias de diversas regiões da atual Alemanha e países vizinhos, tiveram seu destino no Brasil e, cheios de esperança, reiniciaram suas vidas. Uma dessas famílias portava o sobrenome PRIM e se fixou em Santa Catarina, da qual descende o autor deste livro, *A vista do meu ponto.*

Dividido em 45 títulos, o professor Maurino Prim apresenta textos diversos de sua ampla bagagem cultural extraídos do cotidiano. Trata-se de reflexões, opiniões, crônicas, teses, críticas, recomendações, poesias. O conteúdo de cada título é único na abordagem e objeto, revelando a capacidade cativante do autor no seu promissor âmbito literário. Aproveito o ensejo para convidar a todos a apreciarem a vista do seu ponto, como diz o autor "a partir de meu ponto de vista, descortinando a vista do meu ponto".

Toni Jochem

Mestre em História pela Universidade Federal de Santa Catarina

SUMÁRIO

O fogo que queima 17

Comprinha corriqueira 19

O mundo em rima de ate ado 20

Devaneios 21

Limpo e sujo 22

A linha 23

As quatro feras 25

As estações 26

Brasil 27

Vida na roça 28

A vista do cume 29

O saco de terra adubada 30

Rotineiro cotidiano 32

Inverno 33

O mundo nunca foi um lugar seguro para se viver 34

Melancia no telhado 35

Chumbo trocado não é bullying 37

Escravidão virtual 39

Avaliação qualitativa em sala de aula: perspectivas e possibilidades . . 41

Educação a distância 54

SOS Mãe-Terra: Biosfera 56

SOS Mãe-Terra: o lixo - reutilizar 58

SOS Mãe-Terra: o lixo - reciclar 60

SOS Mãe-Terra: o lixo - reduzir 62

SOS Mãe-Terra: o lixo 64

Paz no amor 66

Ser 67

Discurso de candidato. 68

Família e escola: uma parceria necessária 71

Questão de valores 73

A revolta da biosfera 75

Diferente 77

Eterna natureza. 78

Inexorável sina 79

Apocalipse 80

Você tem tempo?. 83

Quem somos?. 84

Segurança pessoal e social. 86

Recreio 89

A matemática da educação. 90

Ir e vir 92

Os problemas da bioética. 94

A aplicação dos princípios do conseling na educação. 99

Indisciplina: uma oportunidade privilegiada para educar 122

O essencial 164

Jogo de kraits solo:solo de paus. 165

O gato no mato 177

Um pingo de pinga 178

Quem sou eu? 179

Feliz aniversário: data querida? Depende 180

Escola: uma instituição parada no tempo 182

Cuidado! Celular faz mal à saúde 186

Posfácio. 188

O fogo que queima

Não é novidade para ninguém que o fogo queima. Queimou Roma, queimou a Notre-Dame e queimou o museu da Língua Portuguesa. Tudo cinzas. Queima a Amazônia, o Pantanal e o Cerrado. Vem queimando há décadas.

As narrativas para justificar as queimadas variam conforme as circunstâncias e as conveniências. É um tal de achar culpados e colocar no pelourinho os responsáveis. Outrora a culpa era do governo. Ora a culpa é do El Niño, dos fenômenos climáticos, dos fazendeiros e agricultores que têm como hábito fazer uso das queimadas para limpar o terreno.

O fogo queima, isso não é novidade para ninguém.

Queima no fogão, lareira e churrasqueira para os mais nobres fins.

Queima nas paixões dos corações enamorados.

Queima nos candelabros dos templos dos crentes em prece.

Queima nos castiçais em velórios de finados em despedida.

Queima nas estrelas produzindo luz e calor.

Queima no manto da terra causando vulcões, terremotos e fazendo brotar das fontes águas mornas.

Queima nos motores, tratores, turbinas e foguetes movimentando o homem, objetos e viventes.

Queima nas tochas e piras simbolizando o espírito olímpico entre as nações.

Queima nos encontros românticos à luz de velas.

Queima nos fornos das indústrias, padarias, pizzarias e destilarias.

Queima a língua dos linguarudos de plantão que se apressam em emitir opiniões e pitacos em assuntos que pouco conhecem.

O fogo reduz tudo a cinzas. Das cinzas, as fossas colossais do ente mitológico fênix recriam uma nova natureza. Brotam os seres mais cintilantes e também horripilantes, que pelas forças mágicas triunfam soberanas e altaneiras até, também, virarem cinzas.

O fogo queima. Isso não é novidade para ninguém.

E você? Em qual situação está? Semeando? Cultivando? Colhendo? Queimando? Ou cinzas?

Comprinha corriqueira

Num dia desses fui ao mercado para fazer umas comprinhas. Aqueles itens que vão acabando e você precisa correr para comprá-los. Produtos do dia a dia. No topo da lista estava o papel higiênico. Não dá para ficar sem ele.

Não sei se é só comigo que acontece. Não consigo sair do mercado somente com um único produto no carrinho. Sempre vão surgindo outros itens diante dos olhos que acabam pulando para dentro do carrinho. É assim mesmo. A gente não precisa só de papel higiênico!

Nas minhas andanças pelas gôndolas, parei na frente da prateleira de ovos. Logo vi uma placa anunciando o preço da caixa, com uma dúzia de ovos, pelo valor de R$ 5,99. Estava em promoção. A placa dizia: "Ovos Mantiqueira a R$ 5,99". Olhei para a pilha de caixas de ovos e não tinha os ovos Mantiqueira. Os ovos eram da granja Marutani. E agora? Levo ou não levo? Olhei para os lados para ver se encontrava um funcionário do mercado. Queria tirar a dúvida. Não achei ninguém. Uma outra cliente se aproximou. Trocamos algumas palavras e resolvi colocar duas caixas de ovos no meu carrinho. Pensei. Vou tirar a dúvida no caixa.

Ao chegar no caixa, peguei os ovos e pedi para a moça conferir o preço. Batata! O preço era realmente R$ 5,99. Mandei passar toda a compra que estava no carrinho. Depois de tudo posto nos saquinhos, com a conta já paga e as mercadorias já no carrinho, pronto para ir embora, resolvi olhar o valor dos ovos na Nota Fiscal. Bati o olho no preço e lá estava o valor de R$ 11,98. O sangue ferveu. É que volta e meia a gente se depara com propaganda enganosa no mercado. Na gôndola o preço é um e no caixa é outro. Estufei o peito e cheio de razão, porém não exaltado, indaguei a caixa: "Moça! O preço do ovo na nota fiscal está R$ 11,98!". Ela verificou a nota e com toda a paciência do mundo, num sotaque meio espanholado, disse: "Si, são duas caixas". Recolhi a minha fúria, pedi desculpas, agradeci e fui para casa com os meus ovos.

O mundo em rima de ate ado

A ideologia cega, seca o debate
Conduz para um viés equivocado
Deixa o oponente em xeque-mate
A pluralidade perde o significado.

Sem o contraditório e o embate
A justiça perde o sentido de Estado
Gente oprimida na mira do alicate
Povo calado sem vez, sem brado.

Reis e usurpadores surfam de iate
Navegam na onda e vão a nado
Súdito serviente, domado, biscate
Explorado, subjugado, servil, alienado.

Quiçá o placar acabe num empate
Acenda a tocha do ente renegado
O verde volte e que se vá o escarlate
Mundos diversos andando lado a lado.

Devaneios

Por que me perturbas?
Lembranças desatinadas
Lampejos desavisados
Desejos inesperados.

Assombra o pensamento
Vagueia doce tormento
Complicado e inefável
Distante e não palpável.

Rútilas manhãs inebriadas
Sondando chamas embriagadas
Num lusco-fusco fugaz
Que me consome assaz.

Confesso a minha queda
Que o destino envereda
Para um rumo impossível
Quimera distante, não crível.

Limpo e sujo

Ao iniciar a refeição o prato está limpo. Ao terminar a refeição o prato está sujo. A refeição sujou o prato. Fiz a refeição num prato sujo?

Tomo banho e me seco numa toalha limpa. A toalha limpa, após o banho, fica suja. Saio limpo do banho, mas a toalha sai suja. O limpo produz o sujo?

Limpo a casa suja, que logo suja, depois de limpa. Se não limpar a casa suja, fica suja. Se limpar, logo suja. Limpo, limpo, limpo para ficar suja?

Ao limpar a roupa, sujo a água. A água suja suja o meio ambiente. O meio ambiente limpa a água. O meio ambiente fica sujo?

Limpo e sujo são estados da mesma natureza. Elementos misturados numa nova composição. Mudando o foco revela boa surpresa: precisa de tanta água, esponja e sabão?

Não que se queira validar a sujeira. Nem exagerar no toque da limpeza. Tudo é feito de água, vento e poeira. Corpos paridos no ventre da Mãe Natureza.

Observamos o mundo em chamas. O homem processando matérias para os mais variados fins. Insaciável, sempre mais e mais reclama. Colocando em perspectiva o seu próprio fim.

A linha

Ande na linha
Ou fora da linha
Na linha do trem é perigoso
Na linha de alinhado, parabéns!

Tem linha de costurar
Linha de pescar
Linha de defesa
Linha de ataque.

Tem quem alinha e quem desalinha
Tem a linha de frente
Linha de trás
Linha de lado.

Linha do caderno
Linha de assinar
Linha da vida
Linha do Equador.

Linha do horizonte
Linha de raciocínio
Linha de cima
Linha de baixo.

Chega de linha!
Mantenha a linha!
Para ler este texto fora de linha,
métrica e poética.

As quatro feras

Terra, chão, solo, quimera
Elementos misturados, incontáveis
Húmus e nutrientes da **litosfera**
Ventres matrizes sustentáveis.

Inodora e translúcida é a substância
Sólido, líquido e gasosa na **hidrosfera**
Rios, mares e oceanos, abundância
Na falta a sede e a seca é severa.

Vento, brisa, aragem, sopro
Rodopiam em plena Primavera
Uivam fugazes e espantam o potro
Tormenta que assovia na **atmosfera**.

Terra, água e ar, sustento da vida
Fauna e flora da pujante **biosfera**
Viventes irmanados em guarida
Num vai e vem umbilical na esfera.

As estações

Planando no cosmo sideral
Sol e Terra orbitam agarrados
Lampejam fulgor, veste boreal
Ardendo corações enamorados.

O Astro-rei emana calor e luz
Que chega aqui em porções
Em diferentes pontos produz
A dança mágica das estações.

Equinócios e solstícios mudam
Em um vai e vem belo e fugaz
Primavera e Outono desnudam
Verão e Inverno tinindo traz.

As flores, a Primavera perfuma
As folhas, o Outono despenca
O Verão, o calor arruma
No Inverno gélido, encrenca.

Seja qual o tom ou fragrância
Não importa qual temperatura
Sempre é tempo de elegância
Encantos, amores e fartura.

Brasil

Brasil dos brasileiros!
És mãe gentil
Acolhes os estrangeiros!
Neste céu de anil.

Brasil de muitas faces!
Berço de diversidade
Prosperam etnias em enlaces!
Sob o clarão da liberdade.

Brasil manancial de riquezas!
Pujante é teu porvir
Repleto de belezas!
Para teu povo servir.

Teu passado é história!
De heróis que lutaram
De contendas e glórias!
Este chão desbravaram.

Teu presente é ação!
Para um futuro melhor
O sonho de uma nação!
Promissor e belo como arrebol.

Vida na roça

Cedo a roça carpo
Pro milho crescer sadio
Flora de boa semente
Cultivada em terra no cio
Pão na mesa farto
Adeus, fome! Finalmente.

O trabalho arriba a pessoa
O bolso estufa e enrica
Suor e força na enxada
Senão o mato ali fica
Brota o ouro não à toa
Dádiva da terra arada.

Crio boi e vaca de leite
Frango de encher panela
Porco pra tirar banha
Em currais com tramela
Asseguro sossego e deleite
Astuto e cheio de manha.

Domingo o dia é sagrado
Dedicado ao nosso Senhor
Proseio com amigos de labuta
Rendo glória e louvor
Descansa o homem e o arado
Fiéis parceiros de luta.

A vista do cume

Do alto da colina a vista avista belo cume
Arredondado, emoldurado em tom cinzento
Coberto de relva verde, lar de vagalume
Biodiversidade que se cria solta ao relento.

A chuva, o orvalho regam o belo monte
O Sol desponta seus raios de calor e luz
Alumiando o cenário, um belo horizonte
Bucólico, inspirador que a todos seduz.

Na Primavera o cume resplandece em flor
No verão, calor, a vida esbanja variedade
No outono a flora muda a paisagem de cor
No inverno, frio, dormência e adversidade.

O cume retoma o ciclo no giro das estações
Estampa novos matizes aos olhares atentos
Aproxima os enamorados evocando emoções
Na vista partilhada no calor dos sentimentos.

O saco de terra adubada

Gosto de plantas. Cultivar flores e folhagens. Não tenho um quintal na minha casa. Resolvi o problema fazendo uma estante de ferro para servir de suporte para os meus vasos. Tem brinco de princesa, dama-da-noite, lírio de São José, orquídeas, abacaxi, batata, trevo da sorte, suculentas, espada-de-são-jorge entre trepadeiras.

Certo dia comprei um saco de terra adubada de 25 quilos. As plantas precisam de nutrientes. Fiz a adubação completando os vasos com a terra. Sobrou mais ou menos a metade. Fechei o saco cuidadosamente e o deixei num canto da garagem ao lado das floreiras. Pensei: "vou guardar a sobra para usar em outro momento".

Passados alguns dias, ao chegar em casa do trabalho, vi o saco de terra adubada parado na garagem do vizinho. Fiquei furioso. Comecei a matutar uma estratégia para encarar o vizinho. Ele era um lusitano, boa gente, mas tinha um gato que vivia fugindo de casa e ia importunar a vizinhança. Subia no carro, revolvia a terra dos vasos para deixar seus excrementos, entre outras estripulias. Chegou a entrar na minha casa pela janela do banheiro. Por causa do gato, as relações com o vizinho não eram as melhores.

Já não bastavam as travessuras do gato. E agora furtar o meu saco de terra adubada... Achei que deveria agir. Pensei em bater na porta e chamar o vizinho pra peleia. Me contive. Fiquei andando pela garagem, numa espécie de tocaia, para ver se ele inesperadamente pudesse aparecer no cenário. Esperei por algum tempo, mas o vizinho não apareceu.

Voltei para dentro de casa. Pensei: "Tenho tempo, no momento certo faço o ajuste de contas". Fui até a área de serviço e vi, para minha surpresa e espanto, o meu saco de terra adubada acomodado num canto. Um raio caiu na minha cabeça. A minha esposa, sem me avisar, havia tirado o saco de terra adubada da garagem e o guardado na área de serviço. O vizinho, que também cultivava plantas, havia comprado um saco de terra adubada igual ao meu. Eu suspirei aliviado e pensei: "Ainda bem que o vizinho não apareceu na garagem".

Rotineiro cotidiano

No despertar de um novo dia
As estrelas se apagam do olhar
Irrompe o crepúsculo que irradia
A aurora que brota da luz solar.

Recomeça uma nova jornada
É hora de levantar e trabalhar
Obra boa feita é melhor que nada
Embala a vida que vai melhorar.

Um afago, um chamego dão impulso e vigor
Temperam a convivência e brota a emoção
Sustentam a diversidade e faz nascer o amor
Que alimenta e acalenta, provém do coração.

Finda o dia, o ocaso traz a escuridão
As estrelas retornam com seu cintilar
Meu cansaço recolho num terno colchão
Na esperança de um novo despertar.

Inverno

Estação que no solstício sideral tem o seu início
No Hemisfério Sul irrompe junino e finda setembrino
Com a Primavera a suceder-lhe cheia de cor e flor
Sem antes deixar o frio, neve e geada na paisagem esbranquiçada.

Nas casas a chaminé fumaceia espalhando fumaça ao vento e relento
Ao redor da lareira e do fogão a atmosfera se enche de calor e fulgor
As pessoas se aproximam, se encostam à procura de acon-
chego e chamego
Partilham prosas e causos, esquecendo, por instantes, o inverno do
âmbito externo.

A chaleira a água aquenta para o café coar e tomar
Bolacha, cuca, bolo e pinhão entram na refeição
Sopa, fondue e polenta, não há fome que aguenta
Sem esquecer da taça com um bom chateau ou bordô.

Na cabeça uma touca de lã tosquiada e trançada
No pescoço um cachecol amarrado ou enrolado
No corpo um poncho malhado e largado
Nos pés uma pantufa para esquentar em paz o frio que faz.

O mundo nunca foi um lugar seguro para se viver

Quando nos deparamos com situações trágicas causadoras de danos e vítimas, costumamos acionar um conjunto de reações que brotam dos campos racional, emocional e transcendental, com a finalidade de elaborar as perdas e vislumbrar um novo horizonte da vida que segue adiante.

Desde os tempos mais remotos da evolução da vida na Terra, sempre foi assim. Ou pelas forças colossais da natureza ou pelas mãos assassinas de gente que mata gente, ou outras motivações aleatórias, estamos sempre à mercê de um evento catastrófico individual ou coletivo.

Pela vertente criacionista, no paraíso, a tranquilidade e o sossego de Adão e Eva foi abalado pela ação de uma cobra. A ciumeira de Caim vitimou Abel. Assim seguem os relatos bíblicos repletos de acontecimentos fatídicos como o dilúvio e as pragas que ceifaram vidas.

Pela via evolucionista dos fenômenos caóticos da natureza, temos a ocorrência de cataclismos — vulcões, terremotos, furacões, enxurradas, meteoros, entre outros que causam desordem na ordem dos humanos deixando rastros de destruição e fatalidades.

Na visão sociológica, a violência do homem contra o homem nas guerras, as balas perdidas, os homicídios e os acidentes, constituem outra fonte bárbara de mortes.

Na dimensão biológica, sofremos os ataques das doenças, vírus, bactérias e outras infecções que nos afligem, fragilizam nossa saúde e causam mortes.

Enfim, vivemos num mundo que nunca foi um lugar seguro, mas é o único que temos para viver. Ou seja: somos sobreviventes na senda inexorável da hora derradeira, para a qual não temos pressa e clamamos esperançosos que demore, porém, o mundo nunca foi um lugar seguro para se viver.

Melancia no telhado

Moro numa edificação de dois pisos, mais conhecida como sobrado. No piso superior, na janela de um dos cômodos, tinha um suporte na parte externa da parede que servia para colocar vasos e neles cultivar plantas. Costumeiramente é para plantar flores. Por isso o seu nome costuma ser floreira. Atualmente o suporte já foi removido. Logo abaixo da floreira, fica o telhado que cobre a garagem e a entrada na residência. Assim, a floreira ficava logo acima do telhado.

Num certo dia, resolvi plantar um pé de melancia no vaso. Pensei: "Eu planto, se vai dar melancia não é um problema meu". E assim os baraços do pé de melancia foram se esparramando pelo telhado. O meu vizinho, Sr. Carlos, gente de boa estirpe, ao ver o esparramo dos baraços do pé de melancia no telhado, não conteve a curiosidade. Me chamou para a prosa e duvidou que eu viesse a colher um fruto de melancia nesse meu cultivo. Isso me soou como um desafio e tratei de adubar o pé com todos os nutrientes que o Google indicava como sendo necessários para um pé de melancia dar frutos.

O resultado se transformou num emaranhado de baraços, folhas e flores, mas nada de melancia. Não tinha jeito que um único fruto vingasse. Volta e meia o Sr. Carlos largava o olho por sobre o telhado, curioso para ver alguma melancia no pé. Eu, cotidianamente, ficava bisbilhotando entre as folhas para ver se encontrava algum fruto. Tudo em vão. Somente achava folhas, flores e baraços.

Diante da recusa do pé em produzir melancia e diante dos olhares irônicos do Sr. Carlos, tive uma ideia. Fui até o mercado e comprei uma melancia. Cheguei em casa e fui até o telhado e coloquei cuidadosamente a melancia no meio das folhas e baraços. Fiz uma trapaça. Em seguida chamei o vizinho para conferir e se certificar de que no telhado é possível colher melancia. Ele viu e acreditou. Saiu espalhando pelo condomínio a minha façanha. Depois de alguns dias, confessei-lhe o meu delito. O fato foi motivo de muitas risadas, e a amizade, que já era forte e sincera, seguiu com mais vigor e parceria. Anos mais tarde, o Sr. Carlos se desfez do sobrado, não por causa da melancia, e fixou residência no litoral catarinense de Itapoá. Já fui visitá-lo e o presenteei com um formoso cacho de banana que colhi no meu sítio. Amizades verdadeiras não sucumbem diante do distanciamento físico, muito menos por causa de uma melancia.

Chumbo trocado não é bullying

"O fulano me xingou!
Isso é bullying!"

Volta e meia ouço essa fala de alunos que vêm buscar amparo diante do que julgam ser um ato de bullying. Ao ouvir a narrativa da vítima, percebo que há um ato perturbador do reclamante que gerou uma reação em forma de ofensa verbal. Esse caso específico não se caracteriza como bullying. É chumbo trocado. Ambos infringiram os limites da boa convivência.

O fenômeno do bullying se caracteriza por comportamentos agressivos praticados intencional e repetidamente contra pessoas fragilizadas que não conseguem se defender das agressões sofridas, com o intuito de maltratar, intimidar e humilhar de forma verbal, física, psicológica, sexual e virtual.

A partir do conceito apresentado fica explícito que para ser bullying faz-se necessária a existência de duas condições básicas:

1) O ato ser intencional e repetitivo;

2) Ser praticado contra pessoas fragilizadas que não conseguem se defender das agressões sofridas.

Na ausência dessas duas condições, principalmente da intencionalidade e da repetição, não se tipifica o bullying, porém, temos um conflito que se enquadra em comportamentos agressivos, causadores de danos e violências que precisam de mediação quando as partes não conseguirem se autoajustar.

Os conflitos nascem da convivência e interações que estabelecemos com os outros. Faz-se necessário aprender a lidar com eles e resolvê-los. Compreender essa peculiaridade da nossa natureza humana nos ajuda a dar um encaminhamento assertivo aos estímulos perturbadores advindos dos relacionamentos. A regra de ouro deve ser a seguinte: devemos reagir a tudo aquilo que nos perturba. Porém essa reação não deve ser pelo revide. Devemos agir para restabelecer o equilíbrio e o respeito ferido. Sempre que não for possível fazer esse ajuste diretamente com o oponente, deve-se pedir ajuda para um mediador.

Toda e qualquer violência deve ser eliminada. O respeito é o referencial balizador na forma de tratar o próximo. Para construir um mundo de paz precisamos colocar em prática o princípio da alteridade, que consiste em conceber e tratar o outro como um outro eu. Dizendo de outra forma: não faça para os outros aquilo que não quer que façam contigo.

Escravidão virtual

Quando se fala em escravidão, vem logo à mente a modalidade de servilismo praticado no Brasil até o início do século XIX. Esse tipo de escravidão tinha como característica o cerceamento da liberdade física da pessoa. O corpo era aprisionado e transformado em fonte de energia na produção de mercadorias e serviços. O agente escravizador era uma outra pessoa, que era o dono e o detentor do direito de usufruir da força produtiva do escravo. Com a abolição, romperam-se as correntes que prendiam o corpo e, enfim, surgiu a liberdade.

Porém, no decorrer da história, surgiram outras modalidades de escravidão, tendo como característica a exploração do homem pelo homem numa relação injusta com a apropriação indébita do trabalho do empregado pelo patrão. Nesse tipo de escravidão, o corpo fica livre, porém, a força de trabalho está aprisionada a um explorador.

Com o advento da Tecnologia da Informação, os computadores, a internet, as mídias sociais, os sites de relacionamentos, os games e tudo que se relaciona ao mundo virtual, surge uma nova modalidade de escravidão. Não é mais o corpo que fica preso, nem a força de trabalho. O aprisionamento se dá no cérebro. É a mente que fica subordinada aos encantos dos efeitos midiáticos proporcionados pelo mundo virtual. As pessoas perdem a capacidade de existirem livres, sem estarem conectadas com algum artefato virtual. Nessa modalidade de escravidão, a pessoa tolhe e limita a liberdade a partir de si mesma. Ao contrário dos outros tipos de servilismo, onde alguém externo é o agente cerceador da liberdade, aqui temos a aceitação autônoma, uma vez que a pessoa deixa de ser livre por vontade própria.

Percebe-se esse fenômeno no cotidiano, onde muitas pessoas não conseguem se sentir bem sem estarem com um aparelho eletrônico nas mãos, mesmo que não esteja em uso. Outra cena comum nos encontros sociais em restaurantes e rodas de amigos é ver as pessoas fisicamente próximas, mas conectadas virtualmente com alguém que está distante ou ocupadas com alguma base de entretenimento eletrônica.

As consequências maléficas dessa dependência tecnológica ocorrem nas dificuldades ou inabilidades sociais e cognitivas. A necessidade de conviver, crucial para a nossa sobrevivência, é algo que precisa ser aprendida. Essa aprendizagem é essencialmente prática e ocorre nas múltiplas experiências que fazemos no laboratório da vida, no relacionamento com os outros. Quando nos confinamos em uma plataforma virtual, deixamos de aprender a viver na sua dimensão real. No aspecto cognitivo ocorrem prejuízos como a diminuição da criatividade, imaginação, raciocínio e atenção. Esses danos afetam a qualidade da aprendizagem e o desenvolvimento de habilidades para o exercício de uma excelência pessoal e profissional.

Não se trata de querer conspirar contra as descobertas e as conquistas tecnológicas que a humanidade foi capaz de produzir e inventar. Trata-se de um alerta para evitar o uso abusivo que nos leve a desenvolver uma "dependência tecnológica" ou a maximizar os efeitos nocivos ao desenvolvimento de nossas potencialidades cognitivas e sociais. Trata-se de saber usar a Tecnologia da Informação para os fins necessários e não se deixar viciar e se transformar em refém de um escravismo virtual. A liberdade plena ocorre quando o corpo, a mente e o espírito não se sentem aprisionados a nenhum tipo de contingenciamento, exceto os advindos da Lei.

Avaliação qualitativa em sala de aula: perspectivas e possibilidades

RESUMO

Este trabalho tem o objetivo de mostrar a viabilidade prática da avaliação qualitativa em sala de aula, tendo como parâmetro a legislação e a fundamentação teórica sobre o assunto, que orienta a prevalência dos aspectos qualitativos sobre os quantitativos. Apresenta uma experiência realizada, pelo autor, em sua prática docente com alunos das séries finais do Ensino Médio, pactuando com os educandos que em todas as aulas eles seriam avaliados sob os critérios da assiduidade, participação e envolvimento nas aulas. Essa metodologia levou em consideração o pressuposto da cultura da nota, já que é recorrente no âmbito escolar ouvir-se a pergunta: "Vale nota, professor?". Os resultados mostraram que o nível de aprendizagem melhorou, pois os educandos ficaram mais motivados e comprometidos com as atividades desenvolvidas em sala de aula. O compromisso da assiduidade, aliado ao esforço da participação e do envolvimento, naturalmente favoreceu a criação de um ambiente propício para a elevação da aprendizagem. A conclusão foi de que quando os alunos são avaliados de forma contínua, processual e cumulativa assumem maior responsabilidade e compromisso com as dinâmicas do processo educacional.

Palavras-chave: Avaliação. Ensino. Aprendizagem. Qualitativo. Método.

Introdução

A avaliação é uma das dimensões do processo educativo que tem alimentado um grande debate acerca dos métodos, critérios, instrumentos e limites na prática pedagógica. A oferta do referencial teórico é vasta.

Vários pesquisadores e estudiosos dedicam-se a vasculhar o campo da avaliação, na educação, oferecendo substancial gama de estratégias e métodos aos educadores que atuam em sala de aula.

Este trabalho visa percorrer o caminho da avaliação, porém mirando o holofote na avaliação qualitativa, preconizada na Lei de Diretrizes e Bases da Educação Nacional (Lei nº 9394, de 20 de dezembro de 1996), que estabelece que os aspectos qualitativos devem ter prevalência sobre os aspectos quantitativos.

Qual teria sido o espírito do legislador ao estabelecer maior relevância sobre a qualidade em detrimento da quantidade?

Na prática cotidiana da sala de aula é possível privilegiar a qualidade ao invés da quantidade?

Estas e outras questões serão abordadas a seguir, incluindo a apresentação de uma experiência concreta aplicada pelo autor, em sua prática pedagógica em sala de aula, num colégio da rede pública do estado do Paraná.

As pessoas, no cotidiano da vida, desde a aurora até o ocaso, estão permanentemente diante do desafio de fazer escolhas. As escolhas, antes da tomada da decisão, são precedidas por um conjunto de avaliações, na qual entra em jogo a análise de um conjunto de hipóteses, verificações e possibilidades. Em termos práticos e exemplificando, poderíamos dizer: após feita a análise das condições atmosféricas, chuva, frio, vento, calor etc., é que definimos que roupa e outros objetos vamos usar. Percebe-se, então, que o ato de avaliar é algo intrínseco à natureza humana e está presente em todos os momentos.

Porém fazer avaliações nem sempre é uma tarefa fácil. Se para uns a escolha da roupa, em função das condições climáticas, pode ser uma tarefa fácil, para outros pode ser mais difícil. Principalmente se forem levados em consideração outros aspectos, como para onde a pessoa está indo: shopping, escola, trabalho, praia etc.

Tratando-se da avaliação escolar, aquela praticada na escola com a finalidade de promover ou reter o educando, a problemática cresce em complexidade e responsabilidade. Por essa razão, faz-se necessário aos educadores, mergulharem no oceano de possibilidades, a fim de fazerem

A vista do meu ponto: uma deslumbrante forma de ver, pensar e sentir

da avaliação uma atividade que seja justa e honesta, na qual a qualidade prevaleça sobre a quantidade.

Avaliação — Evolução e Concepções históricas

No campo teórico, as concepções acerca da avaliação sofreram alterações com o passar do tempo. Até o século XIX, a avaliação e as práticas pedagógicas eram fortemente impregnadas por mecanismos que tinham por finalidade exercer controle social sobre os indivíduos e legitimar métodos autoritários aplicados pelos professores. Conforme nos mostram Teixeira e Nunes (2008, p. 30), "o Estatuto ou o Regimento não descobrem verdades, senão as inventam e as utilizam para justificar as práticas sociais de controle, dominação e vigilância". O espaço escolar, como um todo, era permeado por certas violências pedagógicas. Essa concepção de avaliação encontrava respaldo no meio social, haja vista as relações serem estabelecidas a partir de um viés autoritário. Na escola a prática pedagógica corroborava essa prática autoritária.

As avaliações não tinham somente a finalidade de verificar a aprendizagem. Por meio delas, o professor mantinha o controle disciplinar sobre a turma, sob a ameaça de complicar o aluno na hora da prova com questões difíceis. Embora esse modelo de avaliação já tenha sido superado no plano teórico, na prática, ele ainda persiste no ideário de muitos educadores. Diria que não apenas está no campo das ideias, mas também que ainda está presente no cotidiano das atividades nas escolas.

Elevando a avaliação para uma função mais real e significativa no processo pedagógico, no qual ela faz parte do processo de ensino e aprendizagem, não mais algo marginal, mas sim integrante e concomitante, surgem as modalidades de avaliação formativa e somativa.

A avaliação formativa, também denominada de processual, ocorre ao longo de todo o período de aprendizagem, sendo contínua, possibilitando uma percepção, quase que em tempo real, das potencialidades dos educandos, assim como também das fragilidades, a fim de que o docente possa fazer as correções metodológicas em tempo hábil. No dizer de Both (2011, p. 30), "o aspecto processual, também denominado formativo, encontra-se presente na vida acadêmica ou escolar de todo o transcurso de formação".

A avaliação formativa requer o uso de um conjunto de estratégias e instrumentos que lhe dão especificidade. Segundo Both (2011, p. 33), "Estes são alguns instrumentos de avaliação formativa: observação do desempenho e da contribuição do aluno; conselho pedagógico; estudo de caso; seminário; debate; trabalho em grupo e relatório individual".

Por outra via, a avaliação somativa, utilizando diversos instrumentos, tais como provas, testes, trabalhos, entre outros, identifica o desempenho da aprendizagem de uma forma pontual, com o propósito de identificar se o aluno está em condições de dar continuidade em seus estudos ou se deve ficar retido.

Embora sob a ótica pedagógica a avaliação formativa consiga demonstrar maior objetividade de incentivar e de facilitar a aprendizagem, não se deve prescindir do lado positivo da avalição somativa no processo educacional.

Outros dois conceitos com relação à função da avaliação, dizem respeito às avaliações classificatória e diagnóstica. Quando o objetivo do ato de avaliar estiver centrado na produção de uma nota para medir quem é melhor ou pior, superior ou inferior, estamos praticando uma avaliação classificatória. Luckesi (1995, p. 34) chama atenção para "função estática de classificar um objeto ou um ser humano histórico num padrão definitivamente determinado". Com o engessamento do resultado, impede-se a função dialética da avaliação para a nova tomada de decisão.

No modelo da avaliação diagnóstica o objetivo está centrado na verificação dos saberes já incorporados pelo educando, com vistas a planejar novas estratégias de aprendizagem para desenvolver suas potencialidades a partir do que o aluno já sabe. Luckesi (1995, p. 81) defende a avaliação diagnóstica, que "deverá ser assumida como um instrumento de compreensão do estágio de aprendizagem em que se encontra o aluno, tendo em vista tomar decisões suficientes e satisfatórias para que possa avançar no seu processo de aprendizagem". Quando se pretende compreender a relevância dos aspectos qualitativos, encontramos na avaliação diagnóstica uma metodologia que visa identificar e valorar aspectos do processo de ensino e aprendizagem, sendo por sua vez mais justa e motivadora para o educando.

O conceito de qualidade tem um significado muito amplo e está diretamente ligado ao objeto em questão. O que é qualidade para um pode não ser para outro. Logo, conclui-se que a qualidade é subjetiva. No campo educacional, dizer que uma escola é boa ou de qualidade requer a análise de vários aspectos das práticas pedagógicas levadas a efeito pela instituição na comunidade em que atua. Para Demo (1994, p. 30), "O que está em jogo na avaliação qualitativa é principalmente a qualidade política, ou seja, a arte da comunidade se autogerir". Na dimensão política ou a forma de se ter qualidade política é participar dos processos decisórios que definem aquilo que é comum ou público. O ser humano é um sujeito essencialmente político. Embora muitos ignorem essa dimensão essencial, continuam sendo políticos e praticando a política nas relações que estabelecem com o meio social. Se considerarmos a qualidade política como condição para se ter qualidade de vida; se considerarmos que a qualidade de vida está ligada à participação nas decisões das demandas comunitárias. Então, a avaliação qualitativa requer o envolvimento e a participação dos sujeitos envolvidos nela na definição de seus métodos, suas perspectivas e possibilidades.

A Lei de Diretrizes e Bases da Educação Nacional (Lei n.° 9394, de 20 de dezembro de 1996), na alínea "a" do inciso V do artigo 24°, estabelece com relação à avaliação: "avaliação contínua e cumulativa do desempenho do aluno, com prevalência dos aspectos qualitativos sobre os quantitativos e dos resultados ao longo do período sobre os de eventuais provas finais". Tomando o que está inserido no dispositivo legal supra, faz-se necessário encontrar meios, estratégias, critérios e instrumentos para que o aluno, em sala de aula, no processo de ensino e aprendizagem, possa ser avaliado em sua dimensão qualitativa.

A avaliação diagnóstica, cumulativa e formativa responde ao que se pretende caracterizar como avaliação qualitativa. Conforme Melo e Urbanetz (2008, p. 82), citando Luckesi (1995), "a avaliação tem a tarefa de ser diagnóstica, ou seja, deverá ser o instrumento dialético do avanço, terá que ser o instrumento da identificação de novos rumos". Os quatro elementos fundamentais da didática são: objetivo, conteúdo, metodologia e avaliação. Esses elementos têm por finalidade viabilizar o processo de ensino e aprendizagem. Por essa razão, uma avaliação eficiente precisa também ser um momento de aprendizagem. O contrário também é verdadeiro: os momentos de aprendizagem também devem ser momentos de avaliação. Ainda, para ser efetiva e séria, a avaliação deve estar comprometida com a aprendizagem de três maneiras: avaliação do aluno, do professor e do contexto.

Por essa razão, a avaliação deve ser compreendida como uma prática pedagógica intrínseca ao processo de ensino e aprendizagem, com função de diagnosticar o nível e apropriação de conhecimentos pelo aluno. Sendo contínua, cumulativa e processual, a avaliação tende a refletir o desenvolvimento global do educando, respeitando as suas características individuais.

Perspectivas e possibilidades da avaliação qualitativa

No embasamento teórico e nos dispositivos legais, encontra-se uma farta fundamentação para a avaliação qualitativa. Porém, na prática cotidiana, em sala de aula, ela nem sempre é bem compreendida, e muito pouco utilizada. Prevalece, ainda, a cultura da nota, produzida por meio de provas, testes e trabalhos, mais voltados para a mera produção de uma nota do que para fins de diagnóstico. Encontra-se muita resistência nos educadores para a superação dos velhos paradigmas em relação à avaliação. As justificativas que se costuma ouvir pelos corredores das escolas são muito variadas. Passam pelos conceitos de que: "No meu tempo foi assim e eu tive que aprender"; "Se não apertar na prova, os alunos não estudam"; "Comigo não tem moleza, a minha prova é de 'ferrar'"; "Se a prova não for pesada, eles só querem saber de brincar".

Estes e outros chavões costumam ecoar pelo espaço escolar, fazendo da avaliação um momento de ajuste de contas, no qual o professor parece querer afirmar a sua posição de "poderoso" e os alunos devem obedecê-lo como cordeirinhos mansos e silenciosos. Quebrar paradigmas não é uma tarefa fácil. Tempo e disposição são necessários para abrir mão de convicções enraizadas e incorporar outras. Requer-se a reformulação de perspectivas e a visualização de novas possibilidades dentro do mesmo contexto — o ambiente escolar. As mudanças geram desequilíbrios e insegurança. Sair da zona de conforto de rotinas cristalizadas para sistematizar novas práticas exige coragem e determinação. Não se deve temer o novo. Ele é a única possibilidade para haver transformação e crescimento. Precisamos arriscar mais e aceitar ficar na "corda bamba" para aprender a lidar com dinâmicas novas nas quais nem sempre o professor precisa estar no controle absoluto. O mundo é dinâmico. A realidade é dinâmica. A vida é dinâmica. Isso permite compreender que tudo está sempre em constante movimento. É nesse permanente bailar cósmico que nós nos encontramos e necessitamos configurar a realidade visualizando sempre novas perspectivas e possibilidades.

Trazendo esse contexto para dentro da sala de aula, fica mais explícito que os entes que compõem aquele espaço são dotados de um dinamismo próprio. O conjunto de alunos cria, dentro da sala de aula, estruturas de relacionamento que são típicas e com uma especificidade para aquele grupo, que é ímpar. A avaliação dentro desse contexto necessita levar em consideração essa configuração e particularidades. O que poderíamos arguir, nessa ambiência, a título de avalição qualitativa? Quais atitudes são desejadas sob a ótica da qualidade? Como viabilizar e mobilizar os interesses dos educandos para a produção de um espaço educativo de qualidade? Essas e outras questões precisam estar sempre na lista das preocupações e desafios dos educadores. É certo e sabido que numa sala de aula não é somente a aprendizagem de um "certo conteúdo", de uma "certa disciplina", que conta. O processo educativo é muito mais amplo. Além dos conteúdos essenciais específicos das disciplinas, o educando também precisa aprender a ser gente, ou seja, tornar-se ser humano, capaz de estabelecer relações de solidariedade e respeito para com os outros. A isso poderíamos chamar de formação integral, que significa desenvolver o educando em todas as suas dimensões: cognitiva, afetiva, psicológica, espiritual e motora. Quando praticamos a avaliação com a única finalidade de produzir uma nota, estamos nos atendo tão somente à dimensão cognitiva. Salientamos que quando as dimensões afetiva, psicológica, espiritual e motora estão fragilizadas, o potencial cognitivo também se fragiliza. Uma dimensão afeta a outra. Por essa razão, torna-se mister desenvolver o educando integralmente no espaço educativo, a fim de que todas as suas potencialidades e "inteligências múltiplas" sejam estimuladas e trabalhadas.

Outro ponto que necessita ser considerado na prática pedagógica está relacionado à concepção de conteúdos e currículo. O conceito de currículo pode ser compreendido a partir do uso de uma alegoria ou parábola. Vamos imaginar que todos os conhecimentos que dispomos acerca do mundo, que vão constituir os conteúdos, estão armazenados em um grande supermercado. O currículo, dentro desse cenário, seria o carrinho de compras. Assim, como no carrinho de compras colocamos os produtos (conteúdos) que necessitamos, também no currículo colocamos os conteúdos (conhecimentos) que os alunos devem receber em cada ano de escolaridade. Os conteúdos brotam da vida. Estão no cotidiano das pessoas e são consumidos permanentemente na relação que estabelecem com tudo que os cerca. A sala de aula precisa se conectar com o mundo vivido que compõe a realidade. Assim os conteúdos serão significativos e representativos do contexto social de onde nascem. O Ministério da Educação, ao ir ao supermercado (o mundo), enche seus carrinhos (currículo) de produtos (conteúdos) para cada modalidade de ensino, define a partir da Base Nacional Comum Curricular (BNCC) aquilo que deve ser básico para todo o território nacional. As Secretarias Estaduais de Educação também vão ao supermercado encher seus carrinhos com conteúdos para cada ano de escolaridade e os organiza em referenciais curriculares. A Escola, na sua organização e constituição, também vai ao supermercado e enche os seus carrinhos para cada ano de ensino que atende e denomina isso de Projeto Político Curricular (PPC), cujo arcabouço está definido no Projeto Político Pedagógico (PPP). O Professor, por sua vez, de posse da BNCC, do PPP e do PPC, vai elaborar o seu Plano de Trabalho Docente (PTD). No Plano de Trabalho Docente, vão constar os conteúdos estruturantes, conteúdos básicos, objetivos, metodologia, avaliação e referências bibliográficas. Desta feita, o conteúdo que brota da vida e da reflexão sobre a vida deve ser revolvido na sala de aula, constituindo-se aprendizado para todos os sujeitos envolvidos no processo educativo.

Diante dessa problemática, concebendo a sala de aula como um espaço multidimensional, não se deve privilegiar ou restringir a avaliação a uma única dimensão. O equilíbrio emocional, o respeito mútuo, o controle da corporeidade, o estado espiritual e psicoafetivo são também manifestações dignas de valor e, por conseguinte, devem ser observadas e registradas pelos educadores, para compor uma "nota" dentro da perspectiva da avaliação qualitativa.

A diversidade de sujeitos que compõem a sala de aula, cada qual com suas peculiaridades, potencialidades, limitações, necessidades especiais e outras diferenciações de gênero, orientação sexual, cor, raça e credo transformam o ambiente da aula num miscigenado de múltiplos fatores que precisam ser acolhidos e inseridos no processo educativo. Os conteúdos trabalhados brotam da vida e da reflexão sobre a vida. Muitas vezes, no apressamento de ensinar, deixa-se de lado a vida na sala de aula. Se o educando é diferente na forma, no tempo e na metodologia de aprender, então também precisa ser avaliado de forma diferente para que o resultado não seja injusto ou incoerente e distorcido da realidade.

Uma experiência de avaliação qualitativa possível

O autor deste trabalho é docente da Rede Pública do Estado do Paraná, e leciona a disciplina de Geografia no Ensino Médio, turno noturno, no Colégio Estadual Desembargador Guilherme de Albuquerque Maranhão, situado na região sul da cidade de Curitiba.

Ao perceber algumas características dos alunos do turno noturno, como excesso de faltas, desistências, repetências... Em sala de aula os alunos ficavam dispersos com conversas paralelas, manuseio de celulares e outros materiais. As tentativas e os esforços para motivar e despertar o interesse dos alunos invariavelmente resultavam infrutíferas. Dialogando com os colegas docentes, percebia-se atitudes semelhantes também em suas aulas. Quando as atividades de ensino e aprendizagem eram propostas aos educandos, era comum ouvir alguns questionamentos do tipo: "Vale nota?", "Tem que fazer?", "Posso fazer em casa?". Não estou querendo dizer que esse tipo de questionamento seja uma exclusividade dos alunos do Colégio Guilherme Maranhão, pois é sabido que são perguntas típicas dos educandos em outros contextos educacionais. Além desse perfil, ainda havia aqueles que, mesmo estando no colégio, davam um jeito de gazear as aulas sob os mais variados argumentos e pretextos.

Diante desse cenário, refletindo sobre os fins do processo pedagógico e sua adequação à realidade dos educandos, foi proposta uma metodologia diferenciada de avaliação, conforme explicitada a seguir.

Uma experiência de avaliação qualitativa em sala de aula

O ponto de partida foi instituir que todas as aulas valiam nota. Considerando que os educandos são muito interessados na nota, então o jeito era fazer com que esse "objeto de desejo" fizesse parte do processo cotidiano de ensino e aprendizagem. Assim foi pactuado com os educandos que em cada trimestre, três pontos seriam produzidos sob o escopo de Avaliação Qualitativa, levando em consideração três critérios, a saber:

– Assiduidade (presença em sala de aula);

– Participação (ter uma postura de atenção e acolhimento com as atividades propostas);

– Envolvimento (estar na sala de corpo e alma demonstrando estar em sintonia com o desenvolvimento das atividades).

Para registrar a postura dos alunos diante dos critérios da avaliação qualitativa, foi organizado um instrumento próprio, no qual eram feitas as anotações individualizadas de acordo com o desempenho de cada educando. Em cada aula era feita uma anotação no canto esquerdo da lousa, lembrando aos alunos o pacto da avaliação qualitativa. A anotação era feita de forma abreviada, assim: "AQ=3P", que significava: avaliação qualitativa igual a três pontos. Assim as conversas paralelas, as dispersões e as ausências eram motivos para perder décimos preciosos na fórmula de cálculo de três pontos por trimestre.

No decorrer do 1º trimestre da aplicação da avaliação qualitativa, percebeu-se alguma mudança em poucos alunos. Tendo em vista que os educandos não estavam acostumados com esse tipo de avaliação, não deram muita importância a ela. Quando do fechamento das notas do 1º trimestre e quando da análise do desempenho individual é que perceberam as consequências de suas atitudes pouco comprometidas com as dinâmicas da sala de aula.

No 2º trimestre, considerando que os educandos já estavam familiarizados com o método e, principalmente, sabendo de suas implicações nos resultados finais, pôde-se perceber uma mudança significativa na postura dos alunos. Essa mudança estava relacionada a uma presença de qualidade em sala, com maior participação e envolvimento. O que se verificou na sequência foi uma melhora acentuada de desempenho dos alunos nas avaliações que compunham os outros sete pontos da média.

Essa mudança no desempenho dos alunos se explica pelo fato de os alunos prestarem mais atenção nas aulas. Eles aprendem mais e, por conseguinte, melhoram o desempenho nas avaliações. Ou seja: estar em sala, participar da aula, envolver-se nas dinâmicas e aprender os conteúdos, tudo isso vale nota. O aluno sabe que o seu desempenho está sendo avaliado de forma contínua, processual e cumulativa. Isso o deixa mais estimulado e comprometido com o processo de ensino e aprendizagem. Outro aspecto que ficou bem evidenciado é a aceitação tranquila dos resultados por parte dos educandos, sem grandes manifestações de recusa ou acusações ao professor de que o resultado foi injusto.

Metodologia

A metodologia aplicada para a elaboração deste trabalho seguiu um caminho em que foram utilizados dois procedimentos. Primeiramente, buscou-se uma ampla fundamentação teórica, a partir de uma pesquisa bibliográfica, com o propósito de verificar a evolução, concepções históricas, objetivos, critérios e instrumentos utilizados na avaliação. Num segundo momento, para fundamentar os propósitos perseguidos no título: "Avaliação qualitativa em sala de aula – perspectivas e possibilidades", lançou-se mão de uma experiência desenvolvida pelo autor, em sala de aula, com alunos de Ensino Médio, período noturno, no Colégio Estadual Desembargador Guilherme de Albuquerque Maranhão, na qual utilizando critérios qualitativos de avaliação conseguiu motivar os discentes a melhorarem os seus desempenhos de aprendizagem.

Considerações finais

O processo educativo é permeado por um conjunto de ações que visa desenvolver o educando integralmente, contemplando as dimensões cognitiva, psicológica, afetiva, espiritual e física.

Neste Trabalho de Conclusão de Curso, pretendeu-se abordar e investigar as possibilidades e perspectivas sobre a avaliação qualitativa em sala de aula, preconizada em dispositivos legais, além de um farto e contundente arcabouço teórico acerca do assunto.

Os resultados encontrados dão conta de que a avaliação qualitativa é possível e deve integrar-se na prática pedagógica da sala de aula, constituindo-se numa ferramenta de grande impacto na motivação e comprometimento do educando no processo de ensino e aprendizagem.

Apresenta o relato sobre uma experiência desenvolvida pelo autor em sua prática docente, na qual pactuou com os alunos que todas as aulas valeriam nota. Atribuiu três pontos na média de cada trimestre a serem conquistados por meio da assiduidade, da participação e do envolvimento dos alunos nas dinâmicas de sala de aula. Os resultados positivos foram percebidos não somente nos critérios dos três pontos (assiduidade, participação e envolvimento), como também no desempenho dos aprendizes nas avaliações dos outros sete pontos do trimestre. Isso, além de comprovar uma melhora na aprendizagem, configura a avaliação na perspectiva de ser contínua, processual e cumulativa, com ganhos qualitativos no processo de ensino e aprendizagem.

REFERÊNCIAS

BOTH, I. J. **Avaliação**: "voz da consciência" da aprendizagem. 1. ed. São Paulo: IBPEX, 2011.

BRASIL. Ministério de Educação e Cultura. **Lei de Diretrizes e bases da Educação —LDB**. Lei nº 9394/96, de 20 de dezembro de 1996. Brasília, DF, 1996.

COSTA, C. B. **Práticas de Avaliação Discente**: um estudo de caso. 2010. 45 f. Trabalho de Conclusão de Curso (Graduação em Licenciatura de Ciências Biológicas) – Universidade Federal do Rio Grande do Sul, Porto Alegre, 2010.

COSTA, O. D. da C. **Avaliação Geral no Contexto Escolar**: Uma análise das percepções de avaliação dos professores da escola pública do ensino fundamental. 2008. 32 f. Monografia (Especialização em Ensino de Línguas Estrangeiras Modernas) – Universidade Tecnológica Federal do Paraná, Curitiba, 2008.

DEMO, P. **Avaliação Qualitativa**. 4. ed. São Paulo: Autores Associados, 1994.

LUCKESI, C. C. **Avaliação da Aprendizagem Escolar**. 2. ed. São Paulo: 1995.

MELO, A. de; URBANETZ, S. T. **Fundamentos de Didática**. 1. ed. Curitiba: IBPEX, 2008.

TEIXEIRA, J.; NUNES, L. **Avaliação escolar** – Da teoria à prática. Rio de Janeiro: Wak Editora, 2008.

YUS, R. **Temas transversais** – Em busca de uma nova escola. 1. ed. Porto Alegre: Penso, 1998.

Educação a distância

A Educação a Distância constitui-se num dos mais espetaculares e revolucionários métodos de ensino que o ser humano foi capaz de criar. Rompe com a tradicional aula presencial, dos alunos enfileirados um atrás do outro e com limitadas possibilidades de desenvolverem seus potenciais individuais, haja vista as condicionantes limitadoras do contexto da sala de aula. Conhecer essa nova modalidade de ensino constitui-se num desafio para todos os profissionais da educação. Saber utilizar em profundidade todos os recursos que as Tecnologias da Informação nos oferecem, sem dúvida, trará um impulso significativo no aspecto qualitativo da aprendizagem.

O computador e suas múltiplas tecnologias possibilitam uma otimização na capacidade de comunicação, seja virtual ou on-line. Todas elas podem ser utilizadas no processo de ensino-aprendizagem. Basta criar as estratégias e mecanismos para a sua operacionalização como instrumentos didáticos da educação.

No trabalho temos a oportunidade de manusear multimídias que possibilitam dinamizar as aulas e motivar os alunos a extrapolarem a condição de meros recebedores de conhecimentos e transformá-los em pesquisadores autônomos cujo aprendizado é mediado por um professor ou tutor. Essa prática cria um novo significado para o professor e os alunos na medida em que ambos se libertam das amarras e limitações impostas pelos modelos tradicionais de ensino. Com o uso das Tecnologias da Informação na educação, surge a necessidade de se estabelecer novos conceitos ao trabalho docente. A quebra do paradigma tradicional para uma nova relação de docência que encontra na tutoria o seu significado mais apropriado. O tutor não mais é aquele profissional que dá as coisas prontas e acabadas aos alunos, mas sim tem um papel de mediar, direcionar e conduzir o educando para uma aprendizagem qualitativa a partir de seus próprios interesses e estímulos.

Desta feita, podemos conjecturar que a EaD vem trazer um novo ânimo ao processo de ensino-aprendizagem, quebrando velhas e ultrapassadas estruturas que resistem ao tempo nas escolas, entediando educador e educando.

SOS Mãe-Terra: Biosfera

Você sabia que a vida, na forma como nós a conhecemos, somente existe no planeta Terra? Sim. Somente no planeta que nós habitamos e que carinhosamente chamamos de Mãe-Terra. Animais e vegetais de todas as formas e tamanhos espalham-se nos mais diferentes ambientes, formando o que conhecemos como biosfera, também conhecida como esfera da vida.

Considerando que a vida é uma exclusividade do planeta Terra, cabe perguntar: por que ela somente acontece aqui? A resposta é porque somente no planeta Terra existem as condições perfeitas de equilíbrio entre os três elementos que sustentam a vida, que são: a água, o ar e os minerais. Esses três elementos, iluminados e aquecidos pelo Sol, causam uma fantástica explosão de seres que proliferam nas mais diferentes formas de animais e vegetais, além de seres microscópicos como bactérias, fungos entre outros. Diante disso, percebemos que a vida não é algo que se sustenta por si só. Ela necessita, ela é dependente da existência dos elementos que a sustentam:

1. A água faz parte da hidrosfera, que na forma líquida, sólida e gasosa encontra-se nos rios, nas geleiras, nos mares, na atmosfera, lagos e em outras partes;
2. O ar faz parte da atmosfera, que é a camada gasosa que envolve a Terra, de onde retiramos o oxigênio, essencial para a nossa respiração;
3. Os minerais integram a litosfera, que é o chão onde pisamos e o solo que faz crescer as plantas.

Cabe ressaltar que a vida dos animais é totalmente dependente dos vegetais. São os vegetais que produzem o alimento e o oxigênio que são indispensáveis para a sua sobrevivência. Lembro que o ser humano em sua dimensão biológica é constituído por uma natureza primordialmente animal.

Assim, para cuidar da vida no planeta Terra precisamos adotar atitudes de conservação em relação à água, ao ar e ao chão, mantendo-os limpos, isto é, livres de quaisquer agentes poluentes. Ajude a preservar a vida, cuide do meio ambiente.

SOS Mãe-Terra: o lixo – reutilizar

Os problemas da produção desenfreada de lixo e do seu descarte inadequado no meio ambiente podem ter como solução a prática dos valorosos princípios dos "3 Rs", que significam: Reutilizar, Reciclar e Reduzir. Agora vamos mostrar como você pode reutilizar os materiais que estão em seu poder e evitar que eles vão para o lixo. Reutilizar é ser criativo, inovador, usar um produto de várias maneiras. Reutilizar ao invés de jogar fora traz excelentes resultados econômicos, além disso, é extremamente divertido inventar maneiras criativas para reaproveitar os artigos domésticos. Veja alguns exemplos que você e sua família podem praticar:

– Guarde sacolas, vidros, caixas de ovos e papéis de embrulho, pois podem ser reutilizados;

– Use como rascunho o verso de folhas de papel já utilizado;

– Restaure e conserve antes de jogar os objetos fora;

– Leve o lanche em recipientes reutilizáveis e não em recipientes descartáveis;

– Vá ao mercado levando sacolas reutilizáveis;

– Lave os recipientes de vidro e os reutilize para guardar molhos, compotas, geleias etc.;

– Guarde roupas velhas para utilizá-las como pano de chão;

– Utilize as meias furadas como pano de limpeza;

– Corte as pernas das calças que não servem mais e faça de shorts para o verão;

– Livros velhos podem ser doados.

O grande ganho ecológico no ato de reutilizar acontece porque os materiais ficam mais tempo em uso antes de serem descartados. Isso reduz a necessidade de retirar da natureza matérias-primas para fabricar novos produtos.

Com essa atitude positiva de reutilizar os materiais, você passa a ser um agente de proteção ambiental. Com isso, o planeta fica mais conservado e a vida mais respeitada. Ajude a preservar a vida, reutilize ao máximo os materiais que estão em seu poder, antes de descartá-los.

SOS Mãe-Terra: o lixo - reciclar

Os problemas da produção desenfreada de lixo e do seu descarte inadequado no meio ambiente podem ter como solução a prática dos valorosos princípios dos "3 Rs", que significam: Reutilizar, Reciclar e Reduzir. Agora vamos mostrar como você pode reciclar o lixo que você produz. Reciclar significa transformar os materiais usados em novos produtos para o consumo. O grande ganho ecológico no ato de reciclar acontece por uma lógica muito simples. Acompanhe o raciocínio tomando como exemplo o papel:

1. A indústria de papel usa como matéria-prima a celulose;
2. A celulose é obtida de duas formas:
   - Retirada da natureza com o corte de árvores ou outros vegetais;
   - A partir do papel usado que vai para a reciclagem.
3. Assim, o ato de reciclar papel significa que menos árvores serão cortadas para a obtenção da celulose. O exemplo do papel também acontece com os outros materiais como: vidro, metal, plástico, isopor, óleo de cozinha etc.

Para a reciclagem acontecer é importante e indispensável a nossa atitude de separar os materiais recicláveis do lixo comum. Depois de separados, devem ser encaminhados por meio da coleta seletiva. O lixo comum, como restos de comida, cascas de furtas, papel higiênico usado, panos, por exemplo, também devem ser descartados de forma correta para evitar a contaminação do meio ambiente.

Precisamos desenvolver a cultura de reciclagem. Vejam quais as vantagens que obteremos no ato de reciclar o lixo:

A vista do meu ponto: uma deslumbrante forma de ver, pensar e sentir

1. A natureza fica mais preservada porque diminui a necessidade de retirar dela a matéria-prima;
2. O meio ambiente fica menos poluído;
3. Renda e trabalho são gerados para muitas pessoas;

Você sabia que Curitiba é a cidade campeã em reciclagem no Brasil? Sim, nossa querida Curitiba. Por isso ela é chamada de Capital Ecológica do Brasil.

Com essa atitude positiva de reciclar o lixo, você passa a ser um agente de proteção ambiental. Com isso, o planeta fica mais conservado e a vida mais respeitada.

Ajude a preservar a vida, encaminhe o seu lixo para a reciclagem!

SOS Mãe-Terra: o lixo – reduzir

Os problemas da produção desenfreada do lixo e do seu descarte inadequado no meio ambiente podem ter como solução a prática dos valorosos princípios dos "3 Rs", que significam: Reutilizar, Reciclar e Reduzir. Agora vamos mostrar como você pode reduzir a produção de lixo. Lembramos que, em média, cada pessoa produz 1 kg de lixo por dia. Essa produção está diretamente relacionada ao nosso consumo. Quanto mais consumimos, mais lixo produzimos. Um bom começo, então, para diminuir o lixo, é diminuir o consumo. A redução do consumo ajuda na preservação do meio ambiente, porque toda a cadeia produtiva é freada, por uma lógica muito simples. Preste atenção!

1. As empresas produzem as mercadorias visando ao lucro com as suas vendas.
2. Se nós não consumirmos essas mercadorias, elas permanecerão nas prateleiras do comércio.
3. Em consequência, o comerciante vai encomendar menos mercadorias ao fabricante.
4. O fabricante, para não ter prejuízo, vai produzir menos.
5. Produzir menos diminui a retirada de matéria-prima da Mãe-Natureza.
6. O resultado é um meio ambiente mais conservado.

Precisamos aprender a consumir apenas o necessário. Repito: apenas o necessário. Além de reduzir o consumo, também temos que reduzir o desperdício. Desperdício é tudo aquilo que está em nossa posse e não aproveitamos para a finalidade correta.

Exemplos:

Quando fazemos bolinhas de papel para jogar no colega, quando jogamos água no chão ou deixamos a torneira aberta sem necessidade, quando não comemos todo o lanche, quando descartamos produtos que ainda servem para o uso e quando fazemos mau uso das mercadorias diminuindo sua vida útil.

Com essas duas atitudes positivas: reduzir o consumo e reduzir o desperdício, você passa a ser um agente de proteção ambiental. Com isso, o planeta fica mais conservado e a vida mais respeitada. Ajude a preservar a vida, consuma somente o necessário!

SOS Mãe-Terra: o lixo

Você sabia que o lixo é o maior responsável pela poluição e pela degradação do meio ambiente? Sim, o lixo na forma sólida, líquida e gasosa descartado de forma errada pelas pessoas e pelas indústrias. Ele polui os rios, o ar e o chão, sendo o principal causador da degradação ambiental. Você sabia que cada pessoa produz, em média, 1 kg de lixo por dia? É isso mesmo, 1 kg de lixo é o que você produz todos os dias. Isso possibilita pensar que uma pessoa com 10 anos de idade já produziu 3.650 kg de lixo. E não é difícil calcular a quantidade de lixo que você já produziu. Que tal fazer essa conta? Lembre-se: cada pessoa produz 1 kg de lixo por dia. Diante dessa situação-problema, torna-se urgente e necessário assumir uma responsabilidade pessoal. Para adotar uma atitude positiva na correta destinação do lixo que você produz, duas atitudes são indispensáveis:

Primeira Atitude:

Descarte sempre o lixo nos recipientes apropriados que se encontram espalhados pelo colégio.

— Recipiente azul = Papel;

— Recipiente amarelo = Metal;

— Recipiente verde = Vidro;

— Recipiente vermelho = Plástico;

— Recipiente cinza = Lixo não reciclável.

Segunda Atitude:

Mantenha o espaço ao seu redor sempre limpo. Não pergunte quem jogou o lixo no chão. Junte-o. Isso é importante para impedir a poluição do meio ambiente.

Com essas duas atitudes positivas, você passa a ser um agente de proteção ambiental. Com isso, o planeta fica mais limpo e a vida mais respeitada.

Ajude a preservar a vida, cuide do seu lixo!

Paz no amor

Recebe, Senhor, este canto
mesmo que seja de pranto
Tu és meu fiel acalanto
em Ti minha paz se refaz.
Contemplo as estrelas do céu
as flores que brotam sem véu
escuto a brisa do mar
as aves que estão a cantar.
Sinto que sou deste mundo
tudo é muito profundo
a paz em minha alma se faz
depende do que eu for capaz.
De amar e amar mais e mais...

Ser

As dimensões do ser e fazer constroem a história
São riquezas essenciais que mantêm o seu valor
Dia após dia, de ato em ato, erguem a glória
Pujantes qual fortaleza, mostram seu esplendor
Há os que se empolgam e dão preferência ao ter
Acumulando riquezas materiais, sem fronteira
Pensam que a vida vale pelo que conseguem obter
Com isso se embrutecem trabalhando a vida inteira
Não que possamos abrir mão de ter o necessário
Pois o corpo, em vida, precisa de sustento material
Porém, para com os que nada têm, sejamos solidários
Assim prosperará a felicidade no plano existencial
Homens construindo humanidade para todos de uma forma igual
Sem fome, sem miséria, sem injustiça.
Que tal?

Discurso de candidato

Candidato a Vereador

Na Câmara Municipal, vou trabalhar de forma firme para que a Prefeitura viabilize projetos que venham a solucionar os problemas cotidianos das pessoas, tais como: saneamento básico, educação, segurança, moradia, emprego e saúde.

Candidato a Prefeito

Decidi lançar-me candidato a prefeito da minha cidade para executar as obras necessárias de saneamento básico, educação, segurança, moradia, emprego e saúde, que tentei viabilizar como Vereador, mas não tive o respaldo necessário da Administração Municipal.

Candidato a Deputado Estadual

Quero ser o deputado do povo para fazer o governo estadual desenvolver as políticas necessárias que atendam às necessidades de todos os municípios do meu estado no tocante a saneamento básico, educação, segurança, moradia, emprego e saúde. Como prefeito da minha cidade, tentei viabilizar obras nessas áreas, mas não obtive o apoio necessário da Assembleia Legislativa para alocar verbas orçamentárias para que a prefeitura pudesse realizar tais obras.

Candidato a Governador

Já fui vereador, prefeito da minha cidade e o deputado estadual mais votado da última legislatura. Sempre lutei por causas justas em benefício do povo. Quero ser o seu governador para resgatar a esperança da minha gente e dar a todos uma vida digna. As prioridades do meu governo vão

A vista do meu ponto: uma deslumbrante forma de ver, pensar e sentir

ser o saneamento básico, educação, segurança, moradia, emprego e saúde. Na Assembleia Legislativa apresentei vários projetos de grande interesse social para as cidades do meu estado. Infelizmente não receberam a devida atenção por parte do governo do estado. Por essa razão, peço o seu voto de confiança para ser o seu governador. Uma vez eleito, quero ser o melhor governador que este estado já teve.

Candidato ao Congresso Nacional (Deputado Federal ou Senador)

Quero ser o seu representante no Congresso Nacional. Vou defender causas justas que venham trazer mais qualidade de vida para o povo sofrido do meu estado. Saneamento básico, educação, moradia, segurança, emprego e saúde serão as minhas prioridades. Trago a experiência de quatro mandatos. Já fui vereador, prefeito, deputado estadual e governador. Vou lutar com vigor para viabilizar os mais altos interesses da minha gente. Quando fui governador, fizemos muitas coisas, mas me faltou um apoio mais maciço por parte do Congresso Nacional para alocar recursos orçamentários da União para os projetos vitais ao nosso estado. Por essa razão, peço o seu voto.

Candidato a Presidente

Minha gente. Quero ser o seu presidente e, para isso, venho, humildemente, pedir o seu voto. Trago uma experiência de vida que me qualifica para postular a Presidência da República. Já exerci todos os mandatos da vida pública. Fui vereador, prefeito, deputado estadual, governador. No Congresso Nacional, apresentei diversos projetos de alto interesse social. Tenho propostas claras sobre todos os problemas que afligem a nação. O meu governo vai priorizar as seguintes áreas: saneamento básico, educação, segurança, moradia, emprego e saúde. No Congresso Nacional, apresentei vários projetos com o intuito de viabilizar recursos para minimizar os descalabros que afetam a grave realidade da nossa gente. Lamentavelmente, faltou apoio e sensibilidade por parte do governo para que esses problemas cruciais pudessem ser solucionados. Por essa razão, decidi candidatar-me a Presidente da República. Com o seu voto e, uma vez eleito, terei condições para articular recursos e mobilizar esforços para tirar o povo do meu País do atraso econômico e acabar com a corrupção e injustiças sociais.

Conclusão

Infelizmente, a maioria dos candidatos vende sonhos e ilusões para seus eleitores. Os eleitores, por omissão, ingenuidade ou ignorância, acreditam que as fantasias e utopias prometidas pelos candidatos podem ser concretizadas, como que por um passe de mágica. Assim segue a lógica política: candidato, para se eleger, tem que prometer. O povo, coitado, crédulo de que o Papai Noel existe, aceita ser enganado pelos discursos vazios dos postulantes.

Esse mecanismo somente acabará quando, nós, eleitores, assumirmos compromissos junto aos nossos representantes de: fiscalizar, cobrar, participar, acompanhar, olhar, cooperar, testemunhar, realizar, observar, avaliar, criticar e votar de forma justa e solidária as coisas de interesse público.

Enfim: só depende de nós. Papai Noel só existe no imaginário pueril durante as festas natalinas.

Família e escola: uma parceria necessária

A educação de crianças e adolescentes é uma tarefa que se inicia em casa, tendo no pai e na mãe seus primeiros agentes. Não só por responsabilidade, mas também por amor e por desejarem o melhor para os filhos, os pais dão início ao processo educacional a partir de ensinamentos que constituem os elementos básicos das primeiras necessidades da criança. Ela aprende a andar, a falar, a comer e a se relacionar com as pessoas da sua convivência. Tudo isso acontece com a assistência e supervisão dos pais atentos e zelosos para que nenhum incidente de grande monta venha a colocar em risco a integridade física e emocional da criança.

O tempo passa, o filho vai crescendo e é chegada a hora de ele ir à escola. Inicia-se aí uma nova etapa na vida da família. Se antes os pais tinham uma relativa exclusividade no processo educacional, agora, ele é algo que precisa ser partilhado com os novos agentes educacionais que começam a fazer parte da vida da criança — os professores. À medida que ela cresce e vai externando as suas vontades próprias e, à medida que mais pessoas começam a participar de sua vida social, cresce substancialmente a necessidade de haver uma integração entre esses diversos âmbitos.

A família e a escola são instituições sociais que trabalham diretamente com a questão educacional da pessoa. São, na verdade, agentes que devem integrar-se em objetivos e estratégias para que o resultado possa ser produtivo. Essa integração deve, porém, respeitar as especificidades funcionais que caracterizam a atuação de ambas. É uma parceria que se faz necessária. Se família e escola caminham em direções opostas, não se entendem, não partilham, não se complementam, não se ouvem e não se suportam, os resultados dessa desunião afetam diretamente a qualidade do processo educacional dos filhos/alunos.

A família e a escola precisam sentar-se juntas, lado a lado, e vislumbrar o mundo ideal para o qual pretendem encaminhar o filho/aluno. Essa sintonia, além de necessária, tem o poder de gerar uma sinergia em que ambas as partes sairão fortalecidas. É sabido que a educação é um processo que envolve mãos que extrapolam os âmbitos da família e da escola. Porém, cabe a elas a responsabilidade de direcionar e colocar os limites necessários na caminhada do aluno/filho, a fim de que ele possa se constituir de forma sólida, prodigiosa, eticamente equilibrada e se torne agente de transformação social.

Questão de valores

O gerente liga para você e diz que precisa da sua presença no banco para avaliar o desempenho da sua carteira de investimentos, pois o mercado está sinalizando forte tendência de prejuízo se você não mudar as aplicações.

Geralmente, todos atendem ao convite rapidamente.

Você está no trabalho e recebe um telefonema do seu vizinho que lhe diz que a sua casa está sendo assaltada e que os ladrões estão levando seus bens mais valiosos.

Certamente, você irá correndo até a sua casa.

O seu filho adoece e você recebe o diagnóstico médico dizendo que ele precisa urgentemente de um tratamento para corrigir uma disfunção metabólica de natureza digestiva, que, se não for corrigida, acarretará o óbito da criança.

Certamente, você fará o tratamento urgentemente.

A escola liga e convida você para uma conversa a respeito do desempenho cognitivo e disciplinar do seu filho, cujos resultados, se não forem corrigidos acarretarão a possível reprovação e/ou na aplicação de penalidades regimentais cabíveis, com vistas a corrigir as graves disfunções no processo educacional do filho. Nem todos os pais atendem ao convite.

Diante dessa realidade, cabe indagar: qual é o patrimônio mais importante para os pais?

Por que a educação dos filhos é, às vezes, relegada a um segundo plano?

Por que alguns pais costumam dizer que não têm tempo para ir à escola?

Será que o bem maior desses pais não deveria estar centrado nos filhos?

Por essas e outras podemos supor que estamos vivendo um momento de grande inversão de valores. Aquilo que deveria ser a preocupação primeira dos pais, muitas vezes, é a última. O resultado disso, em parte, justifica o contexto atual no qual a humanidade está inserida — carência de humanidade e apego exagerado aos bens materiais. Você, que está lendo estas linhas, quais são os seus valores?

A revolta da biosfera

Esta abordagem tem como finalidade levar o leitor a uma reflexão a respeito da atuação do ser humano sobre a Terra, enquanto ser biológico que depende de vários fatores ambientais para que possa sobreviver. A espécie humana sobre a Terra, se comparada com outras espécies de animais e vegetais, tem um surgimento recente, talvez de um milhão de anos, o que é pouco perante a idade da Terra, que se especula ser algo próximo a 4,5 bilhões de anos. Antes do surgimento da espécie humana, a Terra já era habitada por uma grande quantidade de espécies de animais e vegetais que formavam a biosfera, cuja origem estima-se ter ocorrido na Era Paleozoica, há mais ou menos seiscentos milhões de anos.

Percebe-se claramente na cronologia apresentada que o homem foi um dos últimos inquilinos a instalar-se nesta nave voadora que transita pelo espaço sideral, impulsionada pela energia gravitacional que mantém unido todo o universo. Apesar de ser um dos últimos, é espantoso o estrago que o ser humano vem causando ao equilíbrio ecológico. Esse estrago ganhou dimensão exponencial a partir do século XIX, com as grandes descobertas e invenções tecnológicas. Hoje crescem cada vez mais as evidências de que a Terra não suportará infinitamente a escalada de agressões ou transformações que o ser humano vem causando ao meio ambiente. A enorme necessidade dos humanos contemporâneos de recursos naturais, que são diariamente retirados da natureza para se transformarem em matérias-primas, cujo produto final sustenta o atual modelo socioeconômico da civilização tecnológica, consumista, levará a Terra a grandes transformações físicas, e os seres vivos — ser humano, animais e vegetais — irão pagar um preço muito elevado por essa insanidade.

"A Revolta da Biosfera" pretende trazer um pouco de razão a essa ação irracional praticada pelo ser humano. Essa irracionalidade está manifestada na incapacidade de perceber que, sem o conjunto de animais e vegetais que compõem a biosfera, a sobrevivência do animal humano também está ameaçada. Somos, portanto, também uma espécie ameaçada de extinção. Não por algum motivo de ordem catastrófica repentina, como se supõe ter ocorrido com os dinossauros com a queda de um meteoro, mas sim pela degradação dos elementos constitutivos essenciais à manutenção da vida humana na Terra, levada a efeito pelo próprio ser humano. Enfim, seremos vítimas da nossa própria insensatez.

Temos que encontrar mecanismos e meios de vivência que respeitem e levem em consideração toda a cadeia biológica da Terra, sejam animais ou vegetais, bactérias ou elefantes, cobras ou lagartos, carnaúbas ou castanheiras, pois é exatamente a partir da interdependência de todos esses elementos vivos que manteremos as condições de sobrevivência do ser humano.

Nessa linha seria natural e compreensível, se fosse possível, haver uma revolta de todos os seres vivos — animais e vegetais — contra o bicho humano, já que estes estão na Terra há muito mais tempo. Por essa razão, já que a revolta da biosfera é praticamente improvável, poderia o ser humano revoltar-se e tratar de dar soluções adequadas aos seguintes pontos?

Avaliar as ações do gênero humano na Terra no tocante à degradação da natureza;

Identificar e firmar estratégias com vistas a frear a ação de devastação da espécie humana, antes que todo o planeta seja destruído;

Elaborar um projeto de constituição planetária que garanta e estabeleça as condições de sobrevivência e de interdependência entre todas as espécies de animais e vegetais da Terra. Esse tipo de indisciplina praticada pela raça humana, se não corrigida a tempo, cobrará um preço muito elevado de vidas de animais e vegetais, em uma realidade na qual o bicho humano se torna o seu próprio algoz.

Diferente

Caso tudo fosse diferente não existiria mundo como o atual.
Pedra não seria pedra, seria algo desigual.
Água não seria água, seria matéria tal.
Eu não seria eu, talvez fosse qual?
Eu!!! Outro???
Nem pensar.
Gosto de ser eu.
Ainda bem que tudo é como é:
grandezas criadas e recriadas formando entes,
mantendo a identidade ímpar dos fenômenos presentes
sem o risco de tudo ser transformado em naturezas diferentes.

Eterna natureza

Não importa a forma e a beleza
Sempre será natureza.
Se aos olhos agrada? Isso não diz nada.
Será sempre natureza indomada.
Deserto ou pomar; geleira ou campina;
Solo ou rocha; vida ou ruína.
Não importa o que nos convém
Natureza serás eternamente, amém!
Quando respeitada;
Sustenta vidas de toda sorte.
Quando detratada;
Chama-as de volta com a morte.
De mãe és chamada
por ser o seio da biodiversidade.
Generosa, bela e inconstante
Recrias-te a cada instante.
Dádiva do criador, por amor, foste gerada,
natureza de contornos vastos, uma infinidade.
Quando tratada de forma errante
Recobras teu quinhão com vigor pujante.
Não leves em conta se o homem te devastar.
Isso o afeta, com certeza.
Será a vítima e tua sina há de continuar
Sendo sempre a eterna natureza.

Inexorável sina

A toda hora, ao longo de um meridiano das horas,
uma multidão se levanta para mais um dia que se inicia.
A toda hora, ao longo de outro meridiano das horas,
uma multidão se deita para repousar da jornada que se finda.
Não importa se estás de pé ou deitado.
Conforta-te, pois passadas algumas horas, estarás do outro lado.
Deita, levanta
deita, levanta
levanta, deita
levanta, deita.
Assim, seguirás tua sina até o último deitar do teu corpo.
Enquanto a alma, essa levantará para contemplar a eterna dimensão
celestial, impulsionada pelas virtudes que foste capaz de experimentar.

Apocalipse

Chegará o dia em que o ser humano, de tanto desrespeitar as leis da natureza, será chamado a pagar o tributo pelo uso irracional de sua racionalidade.

Antes do ocaso final, ele terá a oportunidade de contemplar, do alto do seu pedestal, os sinais dos tempos.

1. Verá desaparecer de sua face, lentamente, toda a biodiversidade:

— Espécies de animais e vegetais são extintas pela sua ação devastadora.

— Os passarinhos deixam de cantar.

— As flores não florescem mais nos jardins e campinas.

— Os peixes já não encontram mais ambiente para viver.

— As folhas caíram e já não brotam mais.

— Os répteis, de todos os tamanhos, já fazem parte da história.

— As ervas daninhas já não perturbam mais o ser humano. Ele as venceu.

— As pragas já não destroem as plantações. Não há mais plantações.

— O perfume das flores já não anuncia a chegada da Primavera.

2. Assistirá à degradação do meio ambiente:

— O ar, a água, o solo já não sustentam mais a vida.

— Os desertos avançam pelo horizonte.

— As nascentes e arroios vertem suas últimas lágrimas.

— A suave brisa refrescante transformou-se em tórrida massa de ar escaldante e poluída.

— O solo, outrora prodigioso sustentáculo de vida, agora, apenas recolhe como túmulo a vida remanescente sobre ele.

— A energia vital do astro-rei chega à Terra de forma difusa, sem ser filtrada pelo manto atmosférico que envolve e protege a vida.

— Os grandes rios morreram. Foram transformados em canais de escoamento de lixo.

— As grandes jazidas foram totalmente exauridas.

— As catástrofes fazem parte das cenas cotidianas.

— Enfim, a Mãe Natureza não consegue mais sustentar a voracidade e a ganância do ser humano.

3. Contemplará, atônito, o desmanche do tecido social que une a humanidade:

— Os valores e as virtudes fundamentais já não encontram mais eco nas relações entre as pessoas.

— O infortúnio espalha-se por toda a Terra.

— Não há vencidos nem vencedores. Todos sucumbirão ante a irracionalidade do "ser racional".

— Haverá fome e desgraça em todos os quadrantes.

— A vida está indefesa.

4. Suplicará a Deus a sua remissão final:

— Vendo tudo perdido, apelará para o último dos refúgios.

— Deus misericordioso de bondade infinita, tende piedade desse ser que perante Ti falhou.

— Do fundo de nossas almas, confessamos os pecados que praticamos contra a Tua obra.

— Embora tardio, agora compreendo os teus desígnios. Ao criar o mundo, o dotaste de todas as riquezas. Era o paraíso.

— Nele colocaste o homem e a mulher. Tinham tudo para serem felizes.

— Mas ao longo dos séculos, impelido pelas suas vaidades e ganâncias, o ser humano foi se afastando e modificando a natureza, a destruiu e hoje ela não consegue mais sustentar a vida.

— Se for da Tua vontade e bondade, ó Deus eterno, ceda-nos um novo paraíso, a fim de que possamos nos redimir das atrocidades cometidas.

5. Ouvirá de Deus a sentença final:

— Deus, em Sua infinita e eterna misericórdia, vendo o desespero do ser humano, lhe revelará o juízo final.

— Meu filho querido. Ao longo dos tempos, enviei-te diversos mensageiros para mostrar os desvios dos teus atos. Não destes ouvidos.

— Quando te criei, dotei-te de liberdade para escolher o melhor caminho a seguir.

— Incuti em ti a centelha do amor, da generosidade, da solidariedade, da bondade, da gratidão, do respeito, do companheirismo, da lealdade, da honestidade. Preferiste cultivar o egoísmo, o ódio, a inveja, a avareza, a soberba, a mentira, a ganância, a maldade e até brincavas de Deus.

— Com esses atos, pobre ser humano, pecastes contra ti mesmo, pois és imagem e semelhança do teu Pai e nada mais há por ser feito. Está tudo consumado.

Você tem tempo?

No 2° tempo do jogo de futebol, o cronista disse que o tempo havia terminado. Porém o árbitro acrescentou mais um tempo ao jogo, pois, por duas vezes, o tempo havia fechado durante a partida. O tempo estava bom, mas entre as torcidas o tempo quase fechou. A polícia interveio e pediu aos brigões para darem um tempo, pois ela não tinha tempo para verificar porque o tempo havia fechado. Nesse instante, começou a ocorrer uma mudança no tempo, passando de bom para nublado.

O cronista já havia terminado o seu tempo e pegou o carro com motor de quatro tempos para ir até a igreja rezar, já que estávamos no tempo de Páscoa. Pelo caminho ligou o rádio e ouviu um repórter dizer que em São Paulo o tempo estava chuvoso. Ocorreu um contratempo pelo trajeto: um pneu furou e ele teve que perder um tempo para trocá-lo. Enquanto trocava o pneu, lembrou-se da aula de verbos em que tinha que aprender as flexões de tempo, de modo e de gênero. Se tirasse nota baixa, o pai fechava o tempo em casa.

Chegando à igreja ouviu uma música sendo cantada. Impressionou-se com a forma correta que o músico executava os tempos e, principalmente, os contratempos. Ficou um tempo na igreja e ao sair percebeu que o tempo havia mudado, pois estava chovendo. Um transeunte disse-lhe para dar um tempo já que a chuva era passageira. Quando se deu conta, percebeu que havia perdido muito tempo parado. Perguntou a um guarda se em tempos idos o tempo também era tão instável. Ele respondeu-lhe que naqueles tempos o tempo era pior ainda. Quando fechava o tempo, custava a limpar. Já meio sem tempo ainda perguntou se o local ali era tranquilo. O guarda disse que de quando em vez o tempo fecha. Saiu dali indagando-se sobre o tempo. Qual o melhor tempo? Após refletir um pouco, descobriu que o melhor tempo é o tempo que o tempo tem. Basta dar um tempo ao tempo e tudo se resolve a tempo. Pô meu! Me dá um tempo! Pare de encher o saco com esse tempo. Deixa o tempo em paz. Em tempo: você tem tempo?

Quem somos?

Somos apenas o que somos e nada mais
Somos existência física na dimensão do corpo
Somos divindade na extensão da alma
Somos o que somos e nada mais.

O que dizem a nosso respeito não é o que somos
São tão somente opiniões de alguém sobre nós
Ninguém conhece o todo, nem mesmo eu
O todo pertence ao Arquiteto da Criação.

Mostramos ao mundo uma forma física definida
Mas não é somente isso que somos.
Revelamos aos outros retratos da vida
Sem jamais revelar o filme de toda a vivência.

Somos únicos, criados para viver
Vida sofrida, porém, vida
Por mais que nos falte a consciência
Ela vai acontecendo ao longo da existência.

Quando ela finda, não finda a essência
Continuaremos existindo enquanto história
Vida que se refaz vida através da memória
Seremos lembrados pelos feitos e glórias.

Assim vão-se os séculos de ir e vir
Uns vindo, outros indo
Uns rindo, outros chorando
Uns amando, outros odiando

A vista do meu ponto: uma deslumbrante forma de ver, pensar e sentir

Uns sendo, outros tendo
Uns pedindo, outros dando
Uns construindo, outros demolindo
Uns nascendo, outros morrendo
E, em tudo isso, apesar disso, para além disso,
Somos apenas o que somos e nada mais.

Segurança pessoal e social

Vivemos num tempo em que a insegurança parece fazer parte do cotidiano. O medo vai se instalando na mente das pessoas, gerando uma sensação de impotência e preocupação. Medo de assalto, medo das drogas, medo de brigas e confusões, medo da intolerância e da agressividade desmedida, são algumas das expressões que circundam o ir e vir dos cidadãos, deixando um rastro de apreensão e ansiedade.

Diante desse quadro, faz-se necessário adotar algumas estratégias para aumentar a segurança pessoal e social.

A segurança pessoal é o conjunto de atitudes adotadas pelo indivíduo com a finalidade de proteger-se nos diversos ambientes em que se encontra.

Com exceção das causas acidentais que vitimam as pessoas sem que elas tenham a chance de esboçar uma defesa, tais como bala perdida, objetos arremessados a esmo, assalto etc., em todas as demais situações é possível uma reação racional que aumenta a segurança pessoal. Ou seja: depende das atitudes que adotamos, das reações que temos diante dos fatos que nos rodeiam.

As reações das pessoas, ante as provocações e perturbações, são influenciadas pela razão ou pela emoção. Aqueles que aprendem a gerenciar as emoções nos focos de tensão, são capazes de tomar atitudes mais acertadas e, por consequência, saírem mais ilesos dos conflitos interpessoais. Aqueles que se deixam afundar nos abismos da emoção, acabam "perdendo a cabeça" e perdem o controle sobre seus atos, colocando em perigo sua integridade física.

A regra de ouro nos ensina que devemos reagir diante de tudo que nos perturba. O segredo está em como reagir. Cada situação incômoda permite uma variedade muito grande de reações. Achar a melhor delas é um desafio que deve fazer parte de nossas preocupações. O sucesso da boa convivência reside exatamente nas escolhas que fazemos de como reagir. Quanto mais equilibrada e acertada for a reação, melhor será a

A vista do meu ponto: uma deslumbrante forma de ver, pensar e sentir

segurança pessoal. É importante lembrar que a decisão de não fazer nada, também é fazer alguma coisa. É uma reação.

Uma outra forma de aumentar a segurança pessoal está em identificar e se afastar das áreas e situações de risco. Por áreas e situações de risco entende-se todas as circunstâncias que possam colocar em perigo a integridade física das pessoas, tais como: multidões em desordem; local em que está havendo briga; ambientes fechados sem saídas de emergência; locais com grandes concentrações humanas, pessoas furiosas etc.

Podemos afirmar que a segurança pessoal depende, em grande parte, da própria pessoa. Aqueles que são capazes de exercer um controle sobre as suas reações — físicas e verbais — aumentam exponencialmente o nível de tranquilidade, equilíbrio e segurança. Aqueles que reagem de forma intempestiva, impulsiva e impensada costumam aumentar o nível de conflitos e atritos com seus oponentes, criando um ambiente de hostilidades e agressões recíprocas que geram insegurança. Via de regra, "o homem colhe o que planta". "Quem planta vento, colhe tempestade". Quem cultiva relações interpessoais pautadas no respeito, solidariedade, cooperação e amor tende a colher tudo isso como resposta.

A segurança social deve ser uma preocupação de todos. Ela é na verdade um estado de equilíbrio nas relações interpessoais, vistas num plano mais amplo e coletivo. A insegurança social é causada pela ação de uma pessoa ou por um grupo de pessoas que agridem a ordem social em proveito próprio. Ela tem a mesma lógica da insegurança pessoal. Nasce do desrespeito, da falta de solidariedade e cooperação, do desamor praticados contra a sociedade. A principal característica da insegurança social está no fato de ela não ter rosto, pois na maioria das vezes é praticada de forma silenciosa e anônima. Esse aspecto dificulta a ação preventiva de exercer um controle por meio dos mecanismos sociais de segurança. Os agentes de segurança institucionais, tais como a polícia, guarda-costas, vigias, segurança privada etc., são instrumentos utilizados pela sociedade para evitar os atos de violência. Porém esses agentes não conseguem, sozinhos, dar conta de todas as demandas que surgem dos conflitos de interesses entre as pessoas. Daí a necessidade de haver uma ação coletiva para que os delitos sejam minimizados.

Enfim, valorizar a vida significa agir com visão e responsabilidade social, pois é no meio comunitário que a vida acontece. Não podemos fechar os olhos para a realidade que nos rodeia e achar que a solução dos problemas depende da ação dos outros. Temos que agir. A segurança depende de cada um!

Recreio

Ao toque do sinal, ouve-se uma alegria ruidosa
Uns correm, alguns caminham, outros vagueiam
A agitação é geral, pois agora a hora é prazerosa
São momentos de alegria que muita vida permeiam.

No pátio, uma alegria incontida, como não vista antes
Ouve-se um misto de sons e tons qual relva crepitante
Denunciando a euforia vivida pelos ávidos infantes
Gerando vida partilhada, mesmo que por um instante.

Percebe-se uma movimentação com um quê singular
Corre-corre, pula-pula, gritos e conversas são comuns
Brincadeiras, jogos e folguedos têm presença regular
Conflitos, também se vê, em detrimento de alguns.

Mas a alegria chega ao fim, é chegada a hora do sinal
É preciso retornar à sala para mais algumas aulas assistir
Não há corre-corre e a volta dura mais do que o normal
A atividade discente parece ser um ônus pesado de gerir.

Porém temos que entender que na vida nem tudo é folia
O trabalho é ocupação que também deve nos entreter
Pois com ele produzimos os meios para a mordomia
Ambos igualmente necessários para sustentar o ser.

A matemática da educação

Considerando a educação escolar com início no Jardim I até a conclusão do Ensino Médio, temos um total de 14 anos de escolaridade. Se computarmos o número de horas/aulas que o aluno assiste durante esse tempo, vamos chegar a um total de, aproximadamente, 14.600 horas/aulas. Se calcularmos o número de dias em que o aluno vai à escola, num calendário de 200 dias letivos, por ano encontraremos 2.800 dias. Considerando um recreio de 20 minutos, encontramos um total de 933 horas em que o aluno convive com os demais colegas durante os intervalos do lanche. Considerando ainda que o tempo antes do início das aulas e o tempo após o término das aulas, também geram momentos de convivência, sem esquecer o tempo do deslocamento até a escola, temos mais um número incalculável de horas em que o aluno convive com os demais colegas. Ao longo desse tempo, o aluno faz contato com um "N" número de educadores; faz um "N ao quadrado" número de avaliações; participa de um "N ao cubo" número de reflexões que, por meio de pitos, broncas, orientações, diálogos, olhares, gestos, conselhos e outras interações, vão formando, de forma lenta e gradual, o conjunto de atitudes e valores que irão moldar a sua convivência social. Toda essa matemática não tem significado nenhum, se olhada meramente sob o prisma quantitativo. O valor do ser humano não pode ser mensurado a partir do número de dias, horas ou aulas que assistiu. Apenas sob a ótica qualitativa, que é capaz de dar uma visão sobre os aspectos morais e o conjunto de valores sociais incorporados, é que se pode mensurar os resultados e a eficácia desses números. Embora a quantificação não seja um parâmetro em si para avaliar o grau de educação de uma pessoa, precisamos compreender que é somente por meio dela que a educação se efetua. As pessoas aprendem a partir da experimentação, seja ela através do método empírico/dedutivo ou através das percepções intuitivas e subjetivas. Umas aprendem mais rápido do que as outras. Isso explica por que há pessoas que conseguem incorporar aprendizagens com apenas uma única experiência. Outras aprendem com um número pequeno de repetições. Já para outras faz-se necessária a repetição exaustiva até que consigam transformar o experimento em uma atitude ou um valor socialmente útil. Para validar o que anteriormente foi exposto, convido você, que teve a oportunidade de ler esta reflexão, a tentar lembrar da sua experiência educacional o seguinte: 1) De quais aulas ainda é capaz de se lembrar?; 2) De quais educadores ainda guarda alguma lembrança?; 3) Qual foi o ato educativo mais importante e significativo para você?. Provavelmente você irá encontrar alguma dificuldade ao tentar responder a essas perguntas. Isso não quer dizer que as aulas e os professores foram insignificantes ou que você não tenha tido alguma experiência educacional interessante. Todas as aulas que você assistiu, todos os professores que você teve e todas as experiências educacionais por você vividas estão armazenados no seu cérebro. Formam aí, junto com os demais estímulos experimentados ao longo da vida, o banco de dados que alimenta a sua subjetividade. Dão forma e consistência ao seu caráter e definem o seu perfil moral, cuja exteriorização se dá por meio de atitudes, gestos, maneira de ser, maneira de agir, enfim, formam a sua personalidade. Disso resulta compreender então que a tarefa dos educadores, estejam eles na escola ou fora dela, nada mais é do que produzir momentos em que os educandos sejam levados a experimentar os conteúdos da ação educadora, a fim de que, cada qual, no seu ritmo, da sua maneira, possa se instituir e se construir como ser humano. Cabe uma indagação: quantas vezes devemos repetir a ação educadora a ser incorporada pelo educando? A única resposta possível, creio, seja esta: tantas vezes quanto for necessário. As pessoas não se educam em um único ato. A educação é fruto de um processo que vai ocorrendo de forma cumulativa à medida que exercitamos e experimentamos os procedimentos socialmente necessários para uma convivência sadia, equilibrada e justa.

Para concluir, poderíamos dizer que o processo educativo deve, necessariamente, ser balizado pela repetição, pela paciência, pela persistência, pela tolerância, pelo amor exigente, com limites, com respeito, com alteridade, com firmeza, com segurança, com justiça, com diálogo, com honestidade etc. etc. etc. Agindo dessa forma, a matemática da educação resultará em transformações subjetivas no mais profundo sentido de ser de cada um, cuja exteriorização será sentida através da maneira pela qual o indivíduo se resolve no meio social.

Ir e vir

No bailar da vida as pessoas vão e vêm. De tantas idas e vindas acabam esquecendo onde já estiveram. Saem de um lugar para chegar a outro. Todo ponto de chagada também é um ponto de partida. Há movimentos regulares que se repetem: casa X escola; escola X casa; casa X trabalho; trabalho X casa; sala X cozinha; cozinha X sala; sala X quarto; quarto X cama; cama X banheiro; banheiro X chuveiro. Assim segue o pêndulo em seus caminhos. Também há inúmeros movimentos não previstos, não programados, que nos levam e trazem a lugares inesperados. De tantos que são, não vou aqui enumerá-los. Pensem um pouco e irão descobrir que eles existem. Dou uma dica: ir à janela para olhar o horizonte etc. etc. etc. Ah! Ia me esquecendo. Também há os movimentos sem volta, ou ainda, a volta dos que não foram. Parece complicado? Não. Tudo isso acontece sem que nós percebamos, pois faz parte da existência.

Acabamos descobrindo que somos seres em movimento. O universo está em movimento. O cosmos é movimento. Tudo se movimenta. A concepção ocorre de um movimento do esperma em direção ao óvulo. No silêncio do útero protetor da mãe há movimentos. Para nascer nos movimentamos. A vida é movimento. E, quando ela finda, somos movimentados para o lugar do pouso final do corpo. Pouso aparente, pois continuaremos em movimento junto com o astro celeste que gravita pelo espaço sideral sem fim. Neste ir e vir fazemos muitos movimentos com o corpo: senta X levanta; deita X levanta; estende a mão; mão que afaga; mão que esbofeteia; vira a cabeça; levanta o braço; levanta o dedo; levanta a cabeça, encolhe a barriga, empina o nariz, estufa o peito, levanta o dedo do meio; abaixa o polegar; estica os beiços; franze a testa; arregala os olhos etc. Esses movimentos, cheios de significados, relevam a nossa natureza social, pois existimos e nos constituímos na relação com os outros. Além desses movimentos que levam e trazem o nosso corpo, movimentamos outros objetos. Assim carregamos conosco um monte de penduricalhos que ganham movimento graças ao nosso movimento. São sacolas, bolsas, mochilas, malas, anéis, colares, pulseiras, brincos, capangas, carteiras, pochetes, documentos e outros apetrechos que carregamos pela vida afora. Todos esses materiais dão consistência à nossa existência. Sem eles, às vezes, perecemos desnudos. Movimentamos a boca para pronunciar as palavras e fazer outros trejeitos labiais que fazem parte da nossa linguagem. Quantos pedidos, justificativas, declarações, afirmações, negações, orações, reclamações, declamações, depoimentos, xingamentos e outras falas utilizamos em nosso cotidiano? Certamente não é possível termos a noção da quantidade de movimentos que já fizemos com a boca para expressar os pensamentos, opiniões e emoções. Mas toda palavra pronunciada tem a sua finalidade. Isso é que importa. Somos entes em movimento. Não conseguimos parar. Mesmo parados estamos em movimento. Assim sendo, vou parar de movimentar os meus dedos sobre o teclado e parar de escrever esta reflexão. Porém, continuarei em movimento.

Os problemas da bioética

Nos últimos decênios do século findo, as ciências biológicas conseguiram grandes avanços científicos e tecnológicos que causaram uma verdadeira revolução no campo da medicina, da veterinária e da agronomia. Técnicas novas foram criadas no manejo genético dos vegetais que fizeram surgir as espécies híbridas e transgênicas. Na área da veterinária, as inovações foram significativas, principalmente com os cruzamentos genéticos de raças, com vistas a obter animais de melhores resultados sob o ponto de vista econômico. A maior das façanhas foi o feito de conseguir a criação de seres animais geneticamente idênticos, por meio da clonagem. Na área da medicina, os avanços também foram grandes. Além dos modernos equipamentos atualmente disponíveis para a produção de diagnósticos mais precisos, como a ecografia e a tomografia computadorizada, a medicina especializou-se nos transplantes de órgãos e cogita-se no mundo científico a possibilidade de tornar realidade a clonagem de seres humanos. Todos esses avanços, além dos benefícios que trouxeram para a humanidade, necessitam de uma reflexão sob a ótica ética, a fim de resolver e adequar essa ação humana dentro de práticas e limites que não extrapolem os princípios da moral e condicionantes restritivos de que essas ações estão afetas. A abordagem desses assuntos é quase sempre revestida de muita polêmica e pontos de vistas contraditórios que acabam, via de regra, em infindáveis discussões, sem que se chegue a conclusões de consenso. A problemática justifica-se em face dos conceitos ou preconceitos divergentes que as correntes de opiniões alimentam sobre o assunto em tela. Nesta reflexão, buscaremos discorrer sobre três vertentes que de alguma forma têm se posicionado a respeito das ações da ciência no campo da biotecnologia. São elas: 1) visão científico-pragmática; 2) visão ético-filosófica; e 3) visão teológica/religiosa.

Visão científico-pragmática

Sob o ponto de vista puramente científico, haveremos de reconhecer as significativas conquistas que a ciência biológica vem alcançando. São conquistas que vêm prolongando a vida e, talvez, em busca de uma longevidade eterna. Seus resultados práticos e benéficos em prol da sustentabilidade da vida parecem quase justificar os meios e métodos utilizados em busca dos fins últimos pretendidos. É a racionalidade humana levada às últimas consequências, sem a necessária preocupação com princípios éticos, valores, essência e outros aspectos de natureza ontológica ou transcendental da humanidade.

O limite é definido pela capacidade e possibilidade de manipulação dos materiais biológicos, seja no manuseio de órgãos, tecidos, material genético ou embrionário. Costuma-se dizer que a ciência não tem fronteiras. Por mais absurdo ou polêmico que possa parecer o invento de hoje, amanhã acaba sendo assimilado como sendo uma prática útil e benéfica para a humanidade. Foi assim quando começaram os primeiros experimentos de fertilização in vitro (FIV) que fez surgir os bebês de proveta. Também geraram polêmica os primeiros transplantes de órgãos. Hoje essas técnicas são de uso generalizado na medicina e resolvidas sob o ponto de vista legal, ético e religioso.

Poderíamos concluir que enquanto a ciência avança e vai abrindo caminhos com as descobertas do manuseio seguro de materiais que sustentam a vida, seguem a reboque, as discussões sobre as implicações éticas que necessitam ser assentadas acerca dessas novas invenções. Assim, renova-se o fluxo que avança historicamente de cujo processo parece restar uma só certeza: não terá fim.

Visão ético-filosófica

Tomando-se a reflexão sob o ponto de vista ético, vamos explorar as implicações legais e morais que necessitam estar equacionadas em todas a práticas humanas. Trata-se de colocar alguns limites nas pretensões afoitas de uma ciência que parece não querer freios. Esses limites têm por finalidade regular o manuseio dos materiais biológicos com vistas a impor mecanismos de controle e avaliação sobre os resultados dos experimentos científicos e tecnológicos, para que não ofereçam riscos quanto à segurança da vida, enquanto bem inalienável da humanidade. Essas discussões sustentam e renovam um dos objetos da epistemologia filosófica em seu campo mais específico da ética, da teleologia e da ontologia. As perguntas nessa linha remetem a questão para as relações existenciais do ser humano enquanto ente constituído de essência e finalidade, cujos valores haverão de estar sempre assegurados em todas as ações institucionalizadas da humanidade. O feito ético, dessa forma, justifica-se para impedir a proliferação desordenada de manipulações inconsequentes que possam colocar em risco a vida ou a saúde do conjunto dos bípedes implumes, mais conhecidos como seres humanos. Assim poderemos compreender a cautela e o caminhar lento das questões éticas, enquanto a ciência avança de forma intrépida rumo a conquistas cada vez mais desafiadoras, superando sempre os seus próprios limites. A planificação legal da ação da medicina, da veterinária e da agronomia necessita estar balizada por parâmetros que garantam segurança aos agentes direta ou indiretamente envolvidos, seja como pacientes ou como profissionais. Na área da medicina, discute-se a possibilidade da clonagem humana. O caminho para conseguir tal feito já está vislumbrado. A clonagem em animais já demonstrou que há a possibilidade de se fazer essa operação também em seres humanos. As questões ainda não respondidas pela ciência sobre o método da clonagem é que limitam a utilização dessa técnica de forma ostensiva. A grande dúvida está relacionada às consequências, anomalias e reações adversas que podem surgir no desenvolvimento do ente humano clonado. Por essa razão, o freio ético torna essa prática, por enquanto, proibida pela ciência oficial da humanidade.

Na área da tecnologia fitogenética, temos a questão dos alimentos transgênicos. As discussões, polêmicas e dúvidas ainda não foram totalmente sanadas, embora em alguns países, a produção de alimentos geneticamente modificados esteja sendo feita. A dúvida que mais preocupa sobre a questão dos alimentos transgênicos está relacionada aos efeitos que eles podem causar ao meio ambiente e ao organismo humano em face de seu consumo prolongado. Enquanto essas dúvidas não forem esclarecidas, haverá sempre alguém ou algum país que ofereça restrições sobre os alimentos transgênicos. Quando a ciência conseguir provar os benefícios dos transgênicos, tanto para o homem como para o meio ambiente, eles serão incorporados no rol de mais uma das grandes conquistas e descobertas da ciência.

Visão teológica/religiosa

Toda essa questão necessita, também, estar ordenada e equacionada sob o ponto de vista teológico/religioso. Nesta reflexão, precisamos invocar a transcendentalidade e espiritualidade dos seres humanos. Foram criados à imagem e semelhança de seu Criador — Deus —, que os constituiu homem e mulher para dominar sobre todos os demais seres vivos da Terra, conforme o capitulado no livro de Gênesis na Bíblia. Ainda conforme o livro de Gênesis, Deus reservou para si a chave da vida. Isso significa compreender que a vida é dádiva de Deus. Somente a Ele cabe concebê-la e tirá-la. Essa prerrogativa não foi outorgada ao ser humano.

Sob esse ponto de vista, o homem jamais conseguirá pleno domínio sobre os mistérios da vida, pois esse conhecimento é reservado ao Criador. As manipulações feitas pela ciência, seja por meio da inseminação artificial ou até da clonagem humana, não chegam a aviltar o supremo detentor da chave da vida, pois toda a vida concebida é por obra e consentimento de Deus. O que varia é o método. Porém, Deus, em sua infinita sabedoria e bondade, é que avaliza, consente e aprova essas metodologias, quando faz prosperar a vida através de técnicas heterodoxas desenvolvidas pelo ser humano. Nessa linha de raciocínio, pode-se arguir que não se constitui numa ofensa ao Criador a utilização da fertilização in vitro para gerar os bebês de proveta, assim como também a utilização da clonagem para gerar seres geneticamente idênticos. Em ambos os casos, apenas muda-se o método. Deus faz brotar a vida.

As técnicas de transplantes de órgãos e tecidos também não ferem os princípios e dogmas teológicos. O corpo é o templo e o sacrário da alma. Enquanto a alma habita o corpo, ele é o templo que hospeda e sustenta o sopro de vida ali colocado por Deus. Depois que a alma deixa o corpo, ela torna-se pó e retorna ao pó de onde veio. O caminho de retorno do corpo ao pó pode ser feito de diversas maneiras. As formas mais conhecidas são o sepultamento e a cremação. O cerimonial fúnebre está mais voltado a satisfazer aspectos culturais do que teológicos. A maioria das religiões não condena o uso de órgãos para transplante.

Os pecados mais graves cometidos pelo ser humano não estão, portanto, no uso de técnicas biomédicas que favorecem a vida e tentam prolongá-la e sustentá-la. Os problemas maiores estão centrados nas práticas que eliminam a vida, tais como o aborto e a eutanásia. Nessas ações, o ser humano peca contra os preceitos do Supremo Criador, já que é Dele a exclusividade de tirar a vida. O aborto constitui-se, portanto, num crime de assassinato covarde, pois o feto ou o embrião não tem a mínima chance de defesa contra a ação avassaladora do ser humano. Sob o olhar de Deus, nenhuma forma de aborto está imune do julgamento divino, não importando a forma como o feto foi concebido. O que importa é que há uma vida que foi gerada por Deus e somente Ele pode interrompê-la.

Assim, para concluir, podemos arguir que os problemas da bioética não se resolverão de uma forma mágica da noite para o dia. Necessitam, isso sim, que as três dimensões aqui enunciadas estejam resolvidas no âmago da humanidade. O caminhar dessas questões são lentas por natureza, pois as implicações restritivas são de toda ordem. De um lado, temos os limites da própria ciência e da tecnologia. De outro, temos os problemas éticos e teológicos. "Assim caminha a humanidade", dando conta dos seus desígnios legados pelo Criador.

A aplicação dos princípios do conseling na educação

Monografia apresentada ao Centro de Pós-Graduação, Pesquisa e Extensão Bagozzi (Ceppeb), como requisito parcial para a obtenção do título de Especialista em Counseling – Aconselhamento e Relação de Ajuda.

Resumo

Os princípios do Counseling que fundamentam o modelo adotado na relação de ajuda, também têm aplicações no contexto educacional. Embora o método do aconselhamento tenha sido concebido para uma aplicação mais voltada a um público adulto, que voluntariamente venha a procurar ajuda, não se pode desconsiderar os benefícios que os princípios aplicados no Counseling podem contribuir quando utilizados no contexto educacional. Esta pesquisa tem a finalidade de identificar as intersecções existentes entre as bases teóricas que fundamentam as práticas educacionais e o Counseling – Aconselhamento e Relação de Ajuda. Pretende demonstrar que, se as crianças e adolescentes, em fase de formação e estruturação de suas bases educacionais, forem conduzidas através dos procedimentos aplicados no Aconselhamento e Relação de Ajuda, poderão adquirir os recursos que as estruturem para uma vida psíquica mais sadia e equilibrada. Por outro lado, todavia, tomam consciência de que a própria pessoa é a principal responsável na construção do seu projeto de felicidade.

Palavras-chave: Counseling. Relação de Ajuda. Aconselhamento. Equilíbrio. Educação. Responsabilidade. Felicidade. Consciência. Saúde Psíquica.

Agradecimentos

A minha família, pelo constante apoio e incentivo na busca pelo conhecimento. A Deus, que é a minha luz, minha proteção e meu refúgio.

Agradeço em especial ao meu orientador, pelo seu esforço e dedicação nas orientações ao longo do desenvolvimento desta monografia. E a todos que de alguma forma contribuíram direta ou indiretamente na conclusão deste trabalho.

Epígrafe

"Se a aquisição de conhecimento não encontrar manifestação na prática e no trabalho, será o mesmo que enterrar metais preciosos; uma coisa vã e inútil. O conhecimento, da mesma forma que a fortuna, deve ser empregado" (Autor desconhecido).

Introdução

O homem é um ser relacional. Este conceito veio se sobrepor, a partir da década de 1980, ao conceito até então vigente de que o homem é um ser social. Com a compreensão alargada a respeito da natureza humana, a psicologia e as ciências afins passam a contribuir com uma base de conhecimentos muito mais sólidas sobre os mecanismos e processos desenvolvidos pelo cérebro humano, para viabilizar e estruturar os modos pelos quais passa a se relacionar com os outros.

A convivência é uma das primeiras necessidades do ser humano, a qual ele encontra-se determinado. Mas, se por um lado, ele é então compelido a ter que conviver com outros seres humanos, em contrapartida, o que até pode soar de forma paradoxal, a convivência também é a fonte primeira de todos os conflitos originados, exatamente pela necessidade de se precisar conviver muito proximamente com as outras pessoas. A partir dessa constatação, podemos começar a desenhar uma compreensão de que o homem não nasce sabendo conviver. A arte de conviver não nos é dada de forma inata. Ela é adquirida a partir dos processos e mecanismos educacionais. A partir dessa ótica, cresce em importância verificar a forma como a educação está sendo conduzida nas escolas e nas famílias. A partir da verificação da realidade que envolve o cotidiano educacional, torna-se possível agir de forma corretiva nos procedimentos educacionais adotados pelos educadores.

A vista do meu ponto: uma deslumbrante forma de ver, pensar e sentir

Este trabalho tem a intenção de verificar a viabilidade de aplicar os princípios do aconselhamento e da relação de ajuda nas instâncias educativas. Pretende-se demonstrar que se as crianças e os adolescentes forem conduzidos em sua trajetória educativa, com a aplicação dos princípios que estruturam o modelo do Counseling, terão maiores chances de se constituírem adultos mais inteiros e capazes de assumir, com consciência e responsabilidade, os ônus e os bônus que a vida venha a lhes impor. Se o processo educacional for capaz de construir um ser humano equilibrado e completo, não será necessário repará-lo ou consertá-lo por meio de processos terapêuticos.

Justificativa

Percebe-se atualmente uma grande ebulição no meio acadêmico, com vistas a vislumbrar novos caminhos, novas estratégias e metodologias mais adequadas para conduzir os processos educacionais. Muito se tem falado, muito se tem trabalhado, porém, pouco tem sido feito para mudar efetivamente o quadro caótico no qual a educação está inserida. Quando me refiro ao quadro caótico da educação, estou querendo dar relevo a algumas práticas cotidianas que a justificam como tal. Vejamos: l) A pouca importância atribuída à educação, como estratégia política de investimentos para inserir o Brasil, de forma competitiva, na comunidade global; 2) A falta de clareza e objetividade dos currículos e Projetos Político Pedagógicos (PPP) que estão sendo executados nas escolas; 3) A falta de qualificação, valorização e motivação dos profissionais da educação; 4) A carência de recursos materiais, entre outros.

Esse quadro justifica a necessidade de haver uma urgente mudança na maneira de fazer educação no Brasil. Este trabalho pretende demonstrar que há possibilidades de solução, principalmente no que tange aos conflitos interpessoais que em muito vêm desgastando a saúde emocional dos envolvidos no processo educativo. Os relacionamentos interpessoais entre educador e educando, muitas vezes, estão carregados de tensões que acabam prejudicando a ambos. Via de regra, esses conflitos são gerados e alimentados pela falta de clareza e conhecimento dos educadores em saber lidar de forma adequada com as atitudes desregradas dos educandos. Não raro, percebem-se exigências que são feitas aos educandos, em que não há espaço para acolher o erro ou a inabilidade dele para esta ou aquela tarefa. Embora as ciências que vasculham os processos educacionais tenham já disponibilizado um vasto acervo a respeito de métodos, técnicas, estratégias, encaminhamentos e procedimentos mais adequados na condução do ato educacional, percebe-se que a prática cotidiana ainda está muito impregnada de vícios oriundos de "achismos" ou de estilos educacionais pautados em paradigmas conservadores que já deveriam estar sepultados no museu da memória.

Diante desses argumentos, este trabalho visa demonstrar que a aplicação dos princípios do aconselhamento e da relação de ajuda, no processo educativo, pode contribuir para a otimização dos relacionamentos interpessoais entre educador e educando. Desta feita, haverá melhores condições para que o educando se construa de forma mais plena e equilibrada, o que resultará em melhor qualidade de vida não apenas para ele como para o professor.

Objetivo

— Abordar o cotidiano das práticas educacionais utilizadas pelos educadores nos contextos familiar e escolar;

— Oferecer uma síntese das bases teóricas que fundamentam os processos educacionais e o Counseling — Relação de Ajuda e Aconselhamento;

— Identificar as possibilidades de utilização dos princípios da relação de ajuda na educação;

— Possibilitar uma convivência mais sadia e equilibrada entre educadores e educandos;

— Contribuir com um referencial teórico para melhorar o desempenho dos educadores em suas práticas cotidianas.

Uma leitura da realidade sobre relacionamentos interpessoais nos contextos escolar e familiar

As práticas educacionais adotadas nos contextos escolar e familiar nem sempre seguem os modelos teóricos apresentados pelas ciências da educação. Tanto na escola como na família são comuns os atos de violência e desrespeito entre os agentes que compõem esses dois âmbitos. Basta um olhar um pouco mais acurado para perceber que a teoria e a prática nem sempre andam juntas quando se trata da relação interpessoal entre educadores e educandos. No contexto familiar, são inúmeras as denúncias de agressões físicas praticadas por pais desajustados, sem mencionar todo o jogo de violência psíquica impelida contra os filhos por meio de linchamentos morais, insultos, xingamentos, ameaças e situações de medo. No ambiente escolar, embora o quadro seja mais ameno, vez ou outra percebe-se atitudes grosseiras, estúpidas, desrespeitosas, ameaçadoras e constrangedoras por parte de educadores menos preparados.

Esses âmbitos fazem florescer uma combinação de elementos que atrapalham a coexistência sadia de crianças, jovens e adultos. Os conflitos relacionais tendem a transferir um ônus significativo sobre a qualidade dos processos educacionais, que tem nas crianças e nos jovens as suas principais vítimas. Poder-se-ia inferir que a criança nasce perfeita, cresce e se deforma ao longo da sua evolução para a vida adulta, chega na fase adulta cheia de crises e síndromes, para então ser socorrida e endireitada pelos serviços terapêuticos.

Essa realidade, que assola a criança na travessia do seu estado original para uma vida adulta, que deveria ser plena de sentido, infelizmente deixa um rastro de problemas que fazem surgir os estados de vazios existenciais. Agir sobre esse contexto deve ser um dos objetivos dos que querem mudar o perfil da saúde psíquica das pessoas. Para configurar de forma mais ampla a compreensão da gênese do fenômeno dos conflitos relacionais no âmbito familiar, transcrevo a seguir alguns fragmentos do ensaio *Caim e Abel*, formulado por Jerri Roberto S. de Almeida (2005).

> O conflito familiar expresso entre Caim e Abel, no relato bíblico, constitui o estereótipo ou drama da violência familiar que persiste na sociedade contemporânea. Caim personifica, historicamente, o componente desagregador das relações convivências domésticas: ambição, inveja, vaidade... no ímpeto de se sobrepor ao outro como medida infantil de autoafirmação psicológica.
>
> A violência é um produto direto da insensibilidade para o amor e da correlativa ausência de mecanismos

educacionais e moderadores da agressividade humana. Mas o homem, como dizia Goethe, "não é só o inato; é também o adquirido". O meio ou a sociedade, nesse sentido, tem contribuído com uma cultura que dissemina tenazmente a violência e desorienta as mentes mais frágeis. A sociedade pós-moderna ensejou valores que nos expropriam o amor e nos devolvem o sexo. A convivência familiar se torna, em muitos casos, individualista, intolerante, fria e desmotivadora. A violência familiar possui vários matizes. Tem-se definido a violência como: "toda coação que alguém procura exercer sobre a liberdade e a dignidade do outro". [...] o egoísmo e o orgulho são componentes primários da violência, de onde derivam outras formas de violências como: a agressividade, o rancor, o individualismo, a impaciência, a falta de carinho etc. O exemplo de Caim e Abel se reproduz em milhares de lares, a cada instante...

Símbolos psicológicos

Se Caim iniciou a violência doméstica, assassinando o próprio irmão, o ato de "assassinar" deve ser analisado em sentido mais amplo, não o limitando à única ideia de "tirar a vida". O ato de assassinar implica em não saber conviver com o diferente e com as situações adversas. O exemplo bíblico é peculiar: "Abel foi pastor de ovelhas e Caim foi lavrador de terra. E aconteceu que ao cabo de dias, Caim trouxe do fruto da terra uma oferta ao Senhor. E Abel também trouxe dos primogênitos das suas ovelhas, e da sua gordura. E atentou o Senhor para Abel e para a sua oferta. Mas para Caim e sua oferta não atentou. "Resultado: "E irou-se Caim fortemente, e descaiu-lhe o seu semblante" (Gênesis 4:1-7).

Temos, nessa passagem, a articulação de diversos elementos importantes. Irmãos com tarefas distintas, ambos oferecendo suas produções peculiares. Uma oferta é aceita e outra é recusada. Isso significa que Abel é aceito e Caim é rejeitado. Temos, portanto, configurado o problema da "rejeição". O não saber lidar com a rejeição gera a "ira" e o "ciúme", componentes básicos da "violência", O "Senhor" personifica a figura dos pais que possuem o filho "preferido". Tudo que esse filho faz é elogiado e aceito. O que o outro realiza é tratado com indiferença. Psicologicamente, o rejeitado começa a "matar" o irmão preferido, introjetando posturas mentais de negatividade. Entretanto esse exemplo é extensivo, também, aos demais setores do relacionamento familiar. A família, portanto, terá que aprender a lidar com as suscetibilidades e especificidades de cada um e extrair disso um resultante que enriqueça o patrimônio relacional e espiritual da própria família. A proposta é desafiadora, mas essencial para o desenvolvimento evolutivo da coletividade.

Atualmente, observa-se que, em diversos níveis, a sociedade civil através de seus elementos constitutivos, busca discutir a questão da violência familiar. Chegamos a um momento crítico e necessitamos repensar que convivência queremos. Reconhecer o problema já é um operoso caminho. Mas só isso não basta. Necessário buscarmos a inspiração no Evangelho do Cristo para fortalecer as bases do amor em nossa família. Portanto, o problema da agressividade na família é nosso e temos que assumi-lo. Significa dizer que não se pode simplesmente, ou unicamente, ficar "contratando profissionais para resolver os nossos problemas" e abdicarmos de nossas prerrogativas. Observamos, igualmente, com Caim e Abel, que quando o desejo de ser reconhecido é frustrado há um incremento da pulsão agressiva. Isso nos remete à educação na infância. Crianças que são educadas para enfrentarem as vicissitudes e os reveses da vida, certamente, terão formas diferenciadas de lidar com a frustração e a agressividade. A educação para a sensibilidade ética, estética e espiritual torna-se imperativo, se desejamos investir na saúde de nossa família.

O desenvolvimento da complexidade familiar exige, por parte de seus integrantes, um investimento cada vez maior na área dos sentimentos. Pais violentos ensinam, pelo exemplo, agressividade aos filhos. Dessa forma, pais e filhos passam a usar a violência como um recurso para vencerem dificuldades, automatizando e vitalizando seus instintos agressivos, gerando infelicidades. Se o homem não é só o inato, mas é também o adquirido, podemos adquirir os instrumentos informativos e motivacionais para instaurarmos, mesmo na nossa condição de humanidade, um clima familiar de harmonia, conservando e "cuidando" para que as relações de afeto e amorosidade não se afastem do nosso convívio. Quando a família aprende a amar, a violência se recolhe, transformando-se em peça de museu. Pode alguém pensar: bom, tudo isso é mera teoria. Respondemos que a teoria existe para melhorar a prática...

A regra áurea

A regra áurea para o desenvolvimento desse estado de moralidade nas relações familiares e sociais, se expressa maravilhosamente na máxima cristã: "Faça ao outro somente o que gostaria que o outro lhe fizesse". Aí está a síntese de todos os ensinamentos, historicamente, ensinados ao ser humano para conduzi-lo à felicidade familiar e social. O mito bíblico de Caim e Abel é oportuno para um estudo psicológico das relações familiares, muitas vezes, impregnadas de ciúmes, rejeição e agressividade. Disso conclui-se a importância de edificarmos uma ética para a paz, naturalmente, consubstanciada em princípios autoevidentes, como a hospitalidade e a generosidade. Hospedar o outro é acolhê-lo em suas necessidades com alteridade. A generosidade, a seu turno, nos permite olhar o outro sem que ele seja o outro, mas como fazendo parte, também, de nós. Com o exercício em família dessas virtudes, estaremos nos exercitando para a construção de uma nova sociedade formadora de uma nova cultura. Ao invés de destruir o outro, estaremos melhor compartilhando nossa humanidade comum, espiritualmente mais plena de realizações".

Com essa abordagem pretendemos ter conseguido demonstrar um pouco da realidade que permeia a difícil arte de conviver. Por outro lado, todavia, o homem é um ser relacional que não consegue sobreviver fora do organismo social. Esse aparente paradoxo, que tem a dificuldade relacional de um lado e o determinismo social de outro, mostra os desafios que precisamos aprender a superar para podermos transcender cada vez mais em nossa humanidade.

Síntese de referenciais teóricos sobre relacionamentos interpessoais no processo educativo

Os referenciais bibliográficos que tratam das questões atinentes ao processo educativo, convergem para uma mesma direção quando o foco está centrado no aspecto relacional. A relação entre o educador e o educando deve ser espelhada por princípios que tenham como base e fundamento o respeito mútuo.

Para Tiba (1996), a convivência entre educador e educando, seja no contexto familiar ou escolar, deve ser conduzida mediante a utilização de três estratégias fundamentais: coerência, constância e consequência. Sendo coerente, o educador consegue conduzir as suas ações de forma integral e manter uma linha de vinculação entre o que ele diz e pratica. Por meio da constância, o educador afirma a sua solidez em relação aos seus princípios e objetivos, sendo, por conseguinte, um guia determinado e capaz de não se deixar desviar de sua trajetória. O educando deve ser ensinado a assumir as consequências dos seus atos. Por essa compreensão, deve-se ter como prática atribuir ao educando as consequências em face de atos irresponsáveis ou inadequados que venha a ter.

Ainda segundo Tiba (1996), a educação enfrenta atualmente muitos problemas. Entre os que afetam os alunos o mais grave é a falta de disciplina e responsabilidade, complementada pela dificuldade dos educadores de tomarem atitudes de autoridade coerentes com sua função, temendo cair em um abusivo autoritarismo, que é antipedagógico. No contexto familiar, é saudável que os pais preparem os filhos para arcarem com as suas responsabilidades. Com o passar dos anos, eles vão delegando à criança o poder de se cuidar. Isso é muito diferente de abandonar totalmente o filho para que ele se vire sozinho.

Geralmente, a criança faz bem menos do que ela precisa. Não importa. Nada mais gratificante para a criança do que a sensação de ser capaz de realizar algumas coisas, principalmente quando o benefício é para ela mesma. Ela estampa no rosto um olhar de vitória quando consegue vestir a própria roupa, amarrar o tênis, pegar um copo de água. Como se cada realização fosse um aprendizado que vai servir de base para um outro desafio, uma nova realização.

Esta possibilidade de conseguir realizar suas vontades e necessidades dá à criança uma grande autoestima, que é a capacidade de gostar de si mesma. A criança não pode dar o segundo passo sem antes dar o primeiro. E o primeiro passo é tentar, sem a obrigação de acertar. Cabe aos pais delegar ao filho tarefas que ele já é capaz de cumprir. Quando os pais não estimulam a criança a tomar a iniciativa, não elogiam as tentativas e, pelo contrário, fazem primeiro o que o filho poderia executar sozinho, esses pais estarão prejudicando o desenvolvimento infantil.

Segundo Zagury (2000), é fundamental o estabelecimento de padrões éticos e morais para nortearem a nossa conduta educacional. O legado moral que passarmos aos nossos filhos poderá determinar futuramente uma mudança de valores da nossa sociedade. A criança é hedonista por natureza, isto é, busca espontaneamente aquilo que lhe dá prazer, que satisfaz seus desejos, curiosidades e interesses. Sendo assim, dificilmente ela pensará, por si só, no outro, mesmo porque ela ainda não tem essa capacidade de sentir com o outro, ou seja, ser empática. O egocentrismo é outra característica das crianças e mesmo dos jovens, que acabam sendo incapazes de sentir pelo outro. Essa realidade natural da criança precisa ser trabalhada e modificada pelos pais e professores a fim de dar-lhe as condições necessárias para a convivência social equilibrada e sadia.

Ensina-nos também Zagury (2000) que é importante ter segurança, metas educacionais, clareza de objetivos cujas ações devem orientar a ação dos educadores junto aos educandos. Se perceber que o educando agiu errado, converse com ele, mostre-lhe o caminho ou faça-o pensar sobre a atitude tomada.

Biddulph (2003) coloca o amor como elemento fundamental para uma base sadia de relação interpessoal. Usa a expressão de amor suave e amor firme para se referir ao gradiente de amor que devemos usar no processo educativo. Amor suave significa o uso adequado da tolerância, sem, no entanto, ser exageradamente permissivo. Amor firme significa a imposição de limites sem, no entanto, ser grosseiro e agressivo.

O conflito é algo intrínseco à convivência. Ninguém, nenhum grupo humano, nenhum casal, por mais novo que seja, ainda que disponha de uma couraça protetora, está a salvo de conflitos. O conflito não é, necessariamente, sinônimo de indisciplina. O conflito é o resultado de um choque de interesses divergentes. Já o comportamento indisciplinado caracteriza-se pela tentativa de querer impor a própria vontade sobre o restante da comunidade, ou atitudes que vão contra as regras estabelecidas.

Esses choques de interesses divergentes causadores de conflitos, assim como também as atitudes tipicamente indisciplinadas, devem merecer uma intervenção qualificada e cuidadosa por parte dos educadores, a fim de que esses momentos possam ser aproveitados como oportunidades privilegiadas para educar.

Via de regra, a convivência no contexto escolar encontra-se definida no regimento interno. As normas e regras, direitos e proibições, penalidades e responsabilidades devem estar claramente expressas no regimento interno. A sua elaboração deve se dar de forma democrática, com a participação de todo conjunto da comunidade escolar — mantenedora, pais, professores, funcionários, alunos etc.

No ambiente familiar, não há um documento formalmente elaborado com a denominação de regimento interno. No entanto, mesmo com a sua ausência formal, ele existe de uma forma informal. Todas as famílias, assim como todos os agrupamentos humanos de qualquer natureza, estabelecem um código de conduta não escrito, que rege as relações interpessoais no interior do grupo.

O modelo da relação de ajuda — Counseling

Conceituação

O Modelo da Relação de Ajuda, também conhecido pelo seu termo original "Counseling", que quer significar aconselhamento, é definido como um processo de interação entre duas pessoas — counselor e cliente — e tem como objetivo habilitar o cliente a tomar decisões de caráter pessoal diante de algum problema em que esteja envolvido (Danon, 2003). Tem a sua fundamentação teórica centrada nos ensinamentos de Carl Rogers, com sua visão de ser humano bastante otimista, baseada na liberdade e na responsabilidade; Abraham Maslow, com seus estudos a respeito da personalidade sadia; Rollo May, enfatizando o ser e o seu devir; Viktor Frankl, que trouxe a importância de se dar um sentido à própria vida; Roberto Assagioli, que focalizou a dimensão espiritual do indivíduo; Fritz Perl, que aposta na capacidade e autocontrole dos seres humanos, entre outros.

Histórico e campos de aplicação

O surgimento oficial do Counseling deu-se nos anos 50 do século passado, nos Estados Unidos, e nos anos 70, na Europa, em cujos espaços a atividade encontra-se estruturada como uma profissão reconhecida com uma atuação e aplicação em diversos âmbitos, a saber:

Âmbito comunitário:

— Counseling psicopedagógico

A escola e os centros de formação são espaços propícios para a aplicação desses princípios de comunicação de qualidade, em que os agentes devem gerir, além dos conteúdos pedagógicos, dinâmicas de grupo, relações interpessoais conflitivas em suas diversas formas de manifestação: alunos ou crianças, pais ou responsáveis, colegas e professores.

— Counseling de comunidade

Em todos os contextos sociais a presença de um facilitador da comunicação é muito importante, e de modo particular nas comunidades que apresentam um maior grau de dificuldades: comunidades carcerárias, drogados, jovens em dificuldades, orfanatos, entre outras.

— Counseling espiritual

As crises de natureza espiritual possuem uma configuração difusa e devem ser enfrentadas de maneira adequada, pois podem ser facilmente confundidas com problemas de ordem psicológica ou psiquiátrica. Possui uma abrangência tanto para as pessoas religiosas como para o mundo leigo.

Âmbito de trabalho

— Counseling empresarial

Muitos problemas das empresas não devem ser considerados apenas sob o ponto de vista técnico, mas também humano, com os fatores pessoais, emocionais e comunicativos, que muitas vezes são ignorados, embora se apresentem de grande relevância. Intervindo no estado de bem-estar psicológico do pessoal, levanta-se o nível motivacional, o nível de produtividade e de rentabilidade, mas, sobretudo, o nível de satisfação dos colaboradores.

— Counseling vocacional

Ajuda a pessoa a conhecer-se, a utilizar as potencialidades não expressas e a elaborar um projeto de trabalho em sintonia com as capacidades e os interesses individuais.

Âmbito sociossanitário

— Counseling psicológico

Campo de atuação exclusivo dos psicólogos, que com suas competências específicas podem intervir de forma mais especializada, fazendo uso do diagnóstico, a prevenção e a orientação.

— Counseling sociossanitário

A comunicação e o bom relacionamento entre o médico e o pessoal paramédico com o paciente são fatores coadjuvantes no processo de cura.

— Counseling médico

Cada consulta médica deveria ser um counseling médico, no qual, além de serem examinados os problemas físicos, com seus respectivos diagnósticos, exames e prescrições, o paciente pudesse sentir-se considerado e escutado também como pessoa.

— Counseling na arte

Toda vez que se facilita a livre expressão, entra em causa um processo de libertação de conteúdos internos, de forma simbólica, que tem um efeito libertador e, com frequência, de catarse.

— Counseling no âmbito particular

Os desconfortos existenciais que afligem as pessoas precisam de um ouvido atento e de um sinal de encorajamento, para que possam recuperar a própria força e prosseguir em seu caminho.

— Counseling na relação de casal

A intervenção de uma terceira pessoa pode ser muito importante para enfrentar, compreender e resolver problemas de relação interpessoal e de casais.

— Counseling de acompanhamento para a morte

A morte normalmente é tratada como um tabu e vista como algo abstrato e distante de nós. Não se fala dela, não se pensa sobre ela, e quando acontece com alguém próximo, tem-se um trabalho muito profundo a ser feito para permitir um enfrentamento mais sereno.

— Counseling telefônico

São conhecidas as mais diversas formas de ajuda que são prestadas pelo telefone: Disque-Amizade, telemensagem, redes sociais, entre outras. Essas ferramentas oferecem uma possibilidade anônima de ajuda a quem jamais teria a coragem ou a possibilidade de fazê-la presencialmente.

Além dos campos de aplicação do Counseling anteriormente descritos, a abordagem ainda pode ser utilizada em outras situações de emergência nas quais seja necessária uma preparação específica: tentativas de suicídio, sequestro com reféns, calamidades naturais ou acidentais, atentados, guerras etc.

Counseling — Uma profissão emergente

O indivíduo do terceiro milênio necessita de um conjunto de habilidades capazes de despertar e ativar todas aquelas potencialidades ainda descuidadas pelos sistemas educativos convencionais em favor das normas intelectuais e comportamentais.

A nova configuração social requer pessoas que possam manipular com desenvoltura e destreza um conjunto de habilidades, tais como: capacidade de julgamento autônomo; capacidade de enfrentar situações complexas e crises, tanto individuais como coletivas; versatilidade e maleabilidade intelectual para enfrentar mudanças rapidíssimas; tolerância e espírito de solidariedade para conviver com os outros, respeitando as diferenças individuais.

Diante desse contexto, nasce a exigência de uma abordagem terapêutica entendida como ciência do humano, em condições de ocupar-se não com a doença, mas com o mal-estar, para depois se concentrar no bem-estar. Um caminho que saiba guiar o indivíduo até um contato mais profundo consigo mesmo, com as próprias necessidades, com as próprias capacidades escondidas ou esquecidas, e chegar, enfim, a uma maior confiança em si mesmo.

Quando a pessoa sabe ocupar-se melhor consigo mesma e com o próprio bem-estar, torna-se assim funcional à comunidade, podendo interagir de forma mais positiva com os outros, substituindo desconfiança e incomunicabilidade por maior disponibilidade, empatia e escuta.

Cultivar a si próprio

O olhar para si mesmo pode ser uma tarefa difícil quando não se tem esse hábito. Os sentimentos, emoções, imagens, sensações, pensamentos, temores e desejos podem estar desorganizados e confusos a ponto de não permitirem uma distinção e mesmo uma percepção muito clara do que se passa no interior da pessoa.

O crescimento pessoal prevê um treinamento para uma atenção aos conteúdos interiores, para uma auto-observação, a fim de que os indivíduos possam tomar-se pela mão e possam saber distinguir as diversas linguagens que brotam dos componentes físico, emotivo e mental. O filósofo Arthur Koestler identificou as dimensões física, emotiva e mental como sendo os três componentes principais causadores dos desequilíbrios em nossa natureza individual. Essa percepção foi também confirmada pelo neurofisiologista Paul MacLean, quando evidenciou que corpo, emoções e mente fazem referência a três componentes diferentes do cérebro, a saber: o corpo tem inteligência e autonomia próprias e provê as funções vitais do organismo mesmo sem a participação direta da vontade, tem exigências que podem ser diferentes e inclusive opostas àquelas da mente, tem uma linguagem própria, expressa-se por meio do movimento e tem uma sede própria de comando, assim chamado de cérebro reptiliano, a parte mais antiga do cérebro. As emoções têm outra lógica, outra linguagem, e se expressam por meio da imagem, da metáfora e da analogia. São governadas pelo mesencéfalo, que regula o sistema límbico. A atividade da mente, o pensamento, a palavra, o raciocínio lógico, por sua vez, são coordenados pelo córtex cerebral, o componente evolutivo mais recente no ser humano.

Essas três dimensões representam forças autônomas e independentes dentro do indivíduo, com um notável dispêndio de energia e causadores de conflitos interiores nem sempre evidentes. A única forma de equilibrar essas forças é por meio da tomada e consciência de seu funcionamento e a ativação de uma lúcida consciência pessoal, capaz de assumir o comando e coordenar a atividade dessas energias, respeitando as necessidades de cada uma.

Habilidades interpessoais

A abordagem mais efetiva no tocante às habilidades interpessoais foi desenvolvida por Robert R. Carkhuff e Bernard G. Berenson, a partir de seu Modelo de Ajuda. As posturas terapêuticas apresentam seis dimensões básicas, que, quando assumidas pelo terapeuta na relação de ajuda oferecem ganhos construtivos ao cliente.

Empatia: capacidade de se colocar no lugar do outro;

Aceitação incondicional: capacidade de aceitar o outro integralmente, sem julgamentos pelo que sente, pensa, fala ou faz;

Coerência: capacidade de ser real, de se mostrar ao outro de maneira autêntica e genuína;

Confrontação: capacidade de perceber e comunicar ao outro certas discrepâncias e incoerências em seu comportamento;

Imediaticidade: capacidade de trabalhar a própria relação terapeuta-cliente, abordando os sentimentos imediatos que o cliente experimenta pelo terapeuta e vice-versa;

Concreticidade: capacidade de decodificar a experiência do outro em elementos específicos, objetivos e concretos.

Transformando dimensões em atitudes

A partir da operacionalização das dimensões do terapeuta e dos efeitos por elas provocados nos clientes, desenvolveu-se o Modelo de Ajuda. Esse inclui as atitudes do ajudado durante o processo de mudança, e as habilidades do ajudador que possibilitam essa mudança — habilidades essas observáveis, mensuráveis e transmissíveis. Atitudes do ajudador:

Sintonizar: entrar em sintonia com o ajudado, comunicando-lhe, de maneiras não verbais, disponibilidade e interesse;

Responder: comunicar, corporal e verbalmente, compreensão pelo ajudado;

Personalizar: mostrar ao ajudado sua parcela de responsabilidade no problema que está vivendo;

Orientar: avaliar, com o ajudado, as alternativas de ação possíveis e facilitar a escolha de uma delas.

À medida que o ajudador sintoniza, responde, personaliza e orienta, o ajudado começa a comportar-se de modo a promover sua própria mudança, a partir das seguintes fases:

Atitudes do ajudado:

Envolver-se: capacidade de se entregar ao processo de ajuda;

Explorar: capacidade de avaliar a situação real na qual se encontra no momento do processo de ajuda — definir com clareza onde está;

Compreender: estabelecer relações de causa e efeito entre vários elementos presentes em sua vida, perceber a sua responsabilidade na situação na qual está envolvido e definir aonde quer chegar;

Agir: movimentar-se do ponto onde está para onde que chegar, estabelecendo o plano de ação para saber como chegar lá.

Aspectos convergentes entre as teorias educacionais e o modelo da relação de ajuda

As correntes teóricas das diversas pedagogias educacionais têm muito em comum com os postulados do Counseling. A linha que separa a educação da terapia é muito tênue. Essa singularidade fica muito evidente na compreensão de que se chega em tempo é educação, se chega tarde é terapia. Essa constatação quer nos dizer que o counselor deve ser substancialmente um educador, cuja tarefa é ativar algumas potencialidades fundamentais da natureza humana por vezes parcial ou totalmente adormecidas.

O Counseling psicopedagógico remete para a escola e os centros de formação os campos naturais para a aplicação de seus princípios, pois seus operadores tratam com o ser humano em sua dimensão relacional, fonte de surgimento de conflitos interpessoais geradores de crises e perturbações com forte impacto sobre os sentimentos.

Carl Rogers foi um dos inspiradores de uma metodologia inovadora no campo psicopedagógico. A própria escola deveria assumir o papel de guiar o aluno na descoberta e no desenvolvimento de suas potencialidades mais altas, encarregando-se de fornecer uma adequada preparação para o crescimento em todos os níveis, não apenas culturais, orientando os jovens na compreensão e na gestão dos próprios impulsos, conflitos, sentimentos, pensamentos, fantasias, valores e ideais. O trabalho mais significativo cabe aos professores em primeira mão, antes mesmo dos programas curriculares. A função educativa está nas mãos do mesmo professor, que desempenha um duplo papel: quantitativa por meio da transmissão de informações; qualitativa por meio de sua personalidade e da comunicação verbal e não verbal que se instaura entre ele e os alunos. O professor, querendo ou não, desempenha um papel educativo muito mais importante do que o instrutivo e precisa de apoio e de preparação adequada para enfrentar esse desafio.

Na educação conta muito mais aquilo que se é do que aquilo que se diz, sobretudo se o objetivo é criar um clima de comunicação autêntica e ativar relações de qualidade e de recursos internos dos próprios alunos. Os educadores devem ser incentivados a ter a mesma disponibilidade e abertura também nos confrontos do próprio processo de crescimento pessoal, para assim poderem fazer-se de intérpretes desta nova imagem do homem que realiza suas próprias potencialidades, tornando-se mensagem viva e não mais simples repetidor de informações.

As finalidades do Counseling são, em nível individual, a recuperação de um correto e harmonioso percurso autoeducativo, que tem, antes de mais nada, a obrigação de levar os indivíduos à descoberta de uma maior confiança em si próprios, criatividade, autocontrole, autodisciplina, autonomia e responsabilidade.

Percebe-se que os objetivos do Counseling e os objetivos perseguidos durante o processo educacional são muito semelhantes. Ambos pretendem construir um indivíduo capaz de agir de forma autônoma, responsável e livre. Nisso não há dúvidas com relação às pretensões do Counseling e da educação. Todavia, embora os fins sejam os mesmos, não podemos deixar de apontar algumas diferenças no tocante ao meio, ou seja, ao modo particular de ação. E é isso que vamos ver a seguir.

Aspectos divergentes entre as teorias educacionais e o Modelo da Relação de Ajuda

Embora haja um campo de ação entre o Counseling e as práticas educacionais que se mistura e se imbrica, não podemos deixar de identificar as suas fronteiras e modos de agir divergentes. No Modelo de Relação de Ajuda tem-se como premissa a iniciativa do ajudado em buscar a ajuda, assim como total liberdade para interromper o processo a qualquer momento. Além disso, no Counseling, o ajudador desempenha uma função tipificada como guia qualificado, que acompanha o ajudado a refletir sobre um problema específico, para o qual busca compreensão e solução. Cabe, portanto, ao ajudado percorrer dialogicamente por seus imbróglios existenciais, e ao ajudador, acompanhá-lo, incondicionalmente, até onde ele for capaz de ir. A relação educativa entre um educador e um educando dá-se de maneira diversa. O ato educativo tem um objetivo definido a partir do educador. A criança, o aluno ou o formando são conduzidos e envolvidos em processos cujos objetivos vêm preestabelecidos por uma instituição social (escola, família, centros de formação etc.). Ao longo da caminhada, o educando é estimulado, orientado, admoestado, compelido, e até punido em relação ao seu desempenho educacional. Espera-se que ao longo do processo ele adquira as habilidades necessárias para ser agente de ação e transformação social, com um domínio satisfatório nos seguintes saberes:

Saber conhecer;

Saber fazer;

Saber ser; e

Saber conviver.

O processo educativo também é permeado por uma dose significativa de conflito. Não que o conflito aqui invocado seja visto como algo ruim ou de conotação menor e problemática. Ele está naturalmente presente em face da posição ocupada pelos sujeitos que interagem na relação educativa. É o confronto entre o "dever ser", o "querer ser" e "aquilo que se é". O papel do educador nesse processo é apontar o caminho do "dever ser". O educando, por sua vez, a partir do que ele é, tende a preferir agir na direção do "querer ser". Surge nesse âmbito um campo de tensão entre o educador e o educando, que é fonte de conflitos, atritos e divergências entre ambos.

Houve tempo em que algumas correntes educacionais sustentavam em suas premissas uma relação mais livre e não diretiva entre educador e educando. Os resultados dessas experiências mostraram que a ausência de limites no processo educacional dificulta a configuração da criança para uma inserção equilibrada e sadia no seio da sociedade. A liberdade desmedida vira liberalidade. O efeito é o exercício da liberdade desprovida de responsabilidade. Numa escala social as perdas são significativas e os desequilíbrios difíceis de serem reparados. Por esse prisma é possível vislumbrar que o processo educacional possui especificidades e peculiaridades que não podem ser removidas pela simples intenção de querer metodologias novas e progressistas. Não se pode desejar eliminar aquilo que é estrutural e básico, alicerce sobre o qual pretende-se erigir uma edificação sólida. Por essa via, não poderíamos pretender desejar que o Modelo de Relação de Ajuda venha a ser usado de forma plena como método educacional. Todavia, não podemos deixar de considerar que os seus ensinamentos e estratégias constituem-se num ferramental precioso a ser utilizado pelos educadores em sua nobre e difícil tarefa de educar.

Por fim, há de se considerar que nenhum ramo das ciências humanas, isoladamente, é capaz de dar conta, plenamente, do que podemos denominar de "ser humano". Juntando os conhecimentos de todas elas — filosofia, sociologia, psicologia, teologia, antropologia, pedagogia etc. —, não se consegue uma definição absoluta e real do "ser humano". A integração de todas as ciências humanas certamente trará melhores resultados nesse intrigante trabalho de desvelar as complexas entranhas da natureza humana.

Conclusão

Confesso que a investigação bibliográfica levada a efeito neste trabalho foi muito gratificante. Ela possibilitou vasculhar duas bases teóricas diferentes e identificar seus pontos de congruência, assim como apontar as suas divergências. O ponto de partida foi verificar a possibilidade de aplicar os princípios do Counseling na educação. Tínhamos, portanto, o desafio de fazer um estudo comparativo entre os modos relacionais apregoados para o processo pedagógico, que opera a ralação professor-aluno, e os vínculos que se estabelecem entre ajudador e ajudado no processo do Counseling — Aconselhamento e Relação de Ajuda.

Os resultados não nos apontam a possibilidade de adotar o Modelo da Relação de Ajuda em substituição às abordagens pedagógicas que norteiam as práticas educacionais nas escolas. Porém, se por um lado não se pode aventar a hipótese de se trocar simplesmente de método, também não se pode desconsiderar as contribuições valiosíssimas que os ensinamentos do Counseling podem agregar ao processo educativo. Trata-se, portanto, da incorporação de conteúdos às atividades pedagógicas que têm a sua origem centrada no Modelo da Relação de Ajuda.

Neste particular, pode-se perceber a imbricação do processo educativo com o Counseling, pois o ato de educar, em seu sentido amplo, também se caracteriza pela relação de ajuda. O professor visto como mediador entre o sujeito da aprendizagem — o aluno — e o conteúdo a ser apreendido, não deixa de ser uma relação de ajuda.

Todavia, a contribuição maior que os ensinamentos do Counseling podem oferecer ao processo educativo, não está centrada na possibilidade da utilização de seus métodos e estratégias em si. O ganho substancial está na oportunidade de o professor aprender a lidar melhor com o humano que habita nele e nos alunos. Em última análise, o ato educativo deve ter como fim permitir que o educando revele o ser humano que jaz latente em sua natureza primária. Aprender a lidar com o ser humano: aí reside a contribuição primordial que o Counseling pode dar à educação.

Em um primeiro momento, poder-se-ia dizer que esse é um aspecto trivial no processo educativo, já que o papel do professor é ensinar e o do aluno, aprender. Ocorre que nesse contato com o aluno, o professor não pode ser reduzido a mero transmissor de conteúdo. Quando o professor e o aluno se põem frente a frente, entra em ação uma relação sinérgica na qual trocam conteúdos que afetam o ser humano que há em cada um. Esse ato de afetar significa compreender que ambos não saem ilesos da relação. Aprender a lidar com o ser humano começa por aprender a saber lidar consigo mesmo. Conhecer a si mesmo. Gerenciar as emoções nos momentos de tensão. Pegar-se na mão. Controlar os fluxos das impulsões emocionais que tentam desestabilizar a tranquilidade da alma. Compreender que ninguém pode feri-lo, a não ser você mesmo. Esses são alguns desafios a serem superados pelos educadores que fazem parte do que poderíamos denominar "saber lidar com o ser humano". No tocante a esses aspectos, o Counseling tem muito a contribuir com a educação. Diria que essa contribuição deveria ser iniciada já nos cursos de formação dos profissionais para o magistério, com a inclusão de conteúdos na grade curricular que viessem conferir ao professor uma bagagem de conhecimentos que o tornam capaz de saber lidar com os aspectos emocionais e relacionais dos alunos.

Referências

ALMEIDA, J. R. **Filosofia da Convivência**. Porto Alegre: Editora AGE, 2005.

AQUINO, J. G. **Indisciplina na escola**: alternativas teóricas e práticas. São Paulo: Summus, 1996. 148 p.

BIDDULPH, S. **Por que os Homens São Assim?** Curitiba: Editora Fundamento, 2003.

DANON, M. **Counseling**: uma nova profissão de ajuda. Curitiba: Sociedade Educacional e Editora Iates, 2003. 232 p.

FELDMAN, C.; MIRANDA, M. L. **Construindo a relação de ajuda**. 13. ed. Belo Horizonte: Crescer, 2002. 261 p.

MIRANDA, M. L. **Quem tem medo de ouvir?** Guia do observador. Belo Horizonte: Crescer, 1999. 155 p.

MIRANDA, M. L. **Quem tem medo de escutar?** Guia da sabedoria. Belo Horizonte: Ceap, 2002. 160 p.

TIBA, I. **Disciplina**: limite na medida certa. São Paulo: Editora Gente, 1996. 193 p.

ZAGURY, T. **Educar sem culpa**: a gênese da ética. 16. ed. Rio de Janeiro: Record, 2000. 220 p.

ZAGURY, T. **Limites sem traumas**. 10. ed. Rio de Janeiro: Record, 2001. 174 p.

Indisciplina: uma oportunidade privilegiada para educar

APRESENTAÇÃO

Quão nobre é a missão de educar. Estimular e despertar a humanidade que há em cada pessoa. Desde a infância, acompanhar os passos das crianças no dia a dia e testemunhar a sua transformação em um ser humano. Assim, vão-se as palavras que brotam da alma dos educadores quando sonham.

No cotidiano da escola ou no lar, quantos conflitos! Quantos atritos, incompreensões e prantos contidos. Quão árduo e difícil é o trabalho de educar. Dias e dias de cansaço, desgaste emocional e a sensação de não receber a necessária recompensa. Assim, expressam-se os educadores quando não estão a sonhar.

Será que existe um ponto de equilíbrio entre o sonho e a realidade? Uma possibilidade de convivência mais harmoniosa entre educadores e educandos? Mostrar que os âmbitos educacionais, escola e família, podem ser conduzidos por vias em que os interlocutores conseguem manter um relacionamento mais equilibrado, respeitoso e agradável é uma das pretensões deste artigo. É uma leitura indicada para pais, professores, pedagogos, psicólogos e outros agentes que lidam com a educação de jovens e adolescentes.

A escola pode ser um espaço no qual as pessoas entram sorrindo e saem felizes. Isto não é um sonho. É uma possibilidade real e pode ser conquistada. Só depende de você! Não espere! Comece agora a transformar a sua vida! Este livro mostra um caminho pelo qual é possível aproximar o sonho da realidade.

A abordagem feita a respeito do tema da indisciplina, nesta obra, segue uma linha que estabelece uma relação entre a teoria e a prática.

A vista do meu ponto: uma deslumbrante forma de ver, pensar e sentir

Percebe-se, frequentemente, que há alguns educadores com um conhecimento teórico muito grande, porém não conseguem bons resultados na prática. Em outros, às vezes, carece uma fundamentação teórica, mas têm um bom desempenho prático. Atrás de toda prática há uma teoria. Mesmo quando não temos consciência da teoria que fundamenta a nossa prática, ela está presente. O educador sem uma práxis bem estruturada e definida tende a navegar ao sabor das circunstâncias e tem dificuldades de manter a direção de suas ações nos momentos de tensão.

Os aspectos práticos aqui apresentados fazem parte de uma experiência colhida em atividades educativas nos mais variados âmbitos — família e escola — ao longo de uma caminhada de mais de duas décadas. *Indisciplina: Uma oportunidade privilegiada para educar* é uma síntese das descobertas feitas ao longo desses anos, que, de forma singela e solidária, o autor quer partilhar com todas as pessoas que exercem a nobre e desafiante missão de educar.

INTRODUÇÃO

A presente reflexão tem por finalidade abordar a indisciplina no espaço escolar e familiar, assim como pretende lançar luz para uma compreensão mais ampla a respeito das causas que originam os conflitos interpessoais entre educandos e educadores (pais X filhos e professores X alunos). O cotidiano escolar e familiar é, constantemente, permeado por desafios que afetam a interação entre os diversos sujeitos que o constituem: professores, alunos, funcionários, equipe diretiva, mantenedora, família, comunidade, pais, mães, irmãos, tios, primos, avós etc.

A convivência, via de regra, é a fonte primeira dos nossos conflitos relacionais. Perturbamo-nos mutuamente. Por outro lado, somos compelidos a um determinismo social que nos obriga a conviver, já que o ser humano não consegue viver isolado. Assim, percebe-se uma grande dificuldade por parte dos responsáveis pela educação de crianças e jovens (família e escola) em desempenhar os seus papéis de forma eficaz para conseguir minimizar os atos de indisciplina ou administrar os conflitos e os atritos interpessoais.

Filhos não obedecem aos pais e alunos perturbam as aulas. Eis uma realidade que vem dificultando bastante a convivência entre pais e filhos, entre professores e alunos, deixando um rastro de mau humor e conflitos homéricos.

Quais as causas dos comportamentos tão desajustados dos jovens e adolescentes?

Quais as consequências que poderão advir em decorrência de uma relação desregrada entre jovens e adultos?

Quais as estratégias possíveis de serem adotadas a fim de conseguir uma convivência harmoniosa na família e na escola?

Essas questões precisam ser enfrentadas com vontade e determinação a fim de que possam ser compreendidas e resolvidas por meio de uma metodologia adequada. Nessa direção, apontam-nos as Ciências da Educação, tomando como referência Aquino (1996), quando assim se expressa:

"É certo, pois, que a temática disciplinar passou a se configurar enquanto um problema interdisciplinar, transversal à Pedagogia, devendo ser tratado pelo maior número de áreas em torno das Ciências da Educação".

Partimos do pressuposto de que a indisciplina é algo inerente à natureza humana e possui uma causalidade peculiar. Como tal, precisa ser compreendida e trabalhada de forma transversal por todas as especialidades que constituem os "saberes" da Escola (Aquino, 1996). Nesse sentido, a indisciplina passa a ocupar um espaço nos afazeres de todos os agentes envolvidos com a educação. Não é uma tarefa que deve ser resolvida por apenas uma pessoa ou por um setor no âmbito escolar. No contexto familiar, deve contar com a participação de todos os membros da casa. Os educadores, na sua totalidade, devem estar envolvidos e agir dentro de uma perspectiva na qual a indisciplina constitui-se numa oportunidade privilegiada para educar.

Este texto não tem a pretensão de esgotar o assunto, devido à complexidade e à multiplicidade de variáveis que alimentam o fenômeno da indisciplina nas relações interpessoais e a cruzam. Cometeria uma heresia original ao querer dar conta de todos os âmbitos que perpassam pelo tema da indisciplina. Quero, sim, contribuir com uma reflexão que vem atrelada a uma vivência e a uma experiência colhida no cotidiano da escola na qualidade de professor e, no contexto familiar, como pai.

A vista do meu ponto: uma deslumbrante forma de ver, pensar e sentir

Partir da premissa de que o ato educativo deve ser realizado numa relação equilibrada entre razão e emoção, significa aceitar que necessitamos conhecer o educando para que possamos compreendê-lo e amá-lo. Ser para ele um agente significativo em sua vida. Para amá-lo, faz-se necessário conhecê-lo. Ninguém ama o que não conhece. Nessa perspectiva, justifica-se a necessidade de conhecer bem os educandos. Esse "conhecer" não está centrado somente em saber nome, sobrenome, endereço, filiação e preferências pessoais do aluno. Significa sim conhecer os entes e as circunstâncias que contribuíram na construção da sua identidade e sua história de vida. Assim, conhecendo o seu histórico, sua evolução da estrutura familiar, o impacto que recebe dos meios de comunicação de massa, a influência dos diversos âmbitos comunitários e aspectos da própria natureza humana, temos alguns elementos essenciais que permitem traçar um perfil dos componentes biopsicossociais dos alunos que influenciam na construção do seu modo de ser. Por esse prisma, torna-se possível estabelecer alguns elos necessários para que o educador possa amar o educando, e, por conseguinte, ajudá-lo no processo educacional. É importante distinguir aqui o sentido dado à palavra "amor". Não se trata da necessidade de o educador dever "gostar" do educando, em que o gostar seja compreendido por um sentimento de paixão de origem emocional. O amor aqui entendido origina-se da decisão livre, voluntária e racional de querer o bem do outro e pôr-se a serviço dele. Esse é o sentido de amor pregado pelo Mestre de Nazaré — Jesus Cristo. Por essa via, torna-se possível amar a todos, conforme os ensinamentos desse Grande Mestre.

Este texto segue uma estruturação que pretende conduzir o leitor a seguir os seguintes passos: 1) Conhecendo o educando; 2) Compreendendo o educando; 3) Agindo para ajudar o educando. Somente quem conhece é capaz de compreender. Quem compreende é capaz de amar. E quem ama é capaz de enxergar nos momentos de dificuldade uma oportunidade ímpar para ajudar e educar.

Com estas palavras, convido o leitor a se apropriar da reflexão contida nesta obra, a qual foi elaborada com a finalidade de servir de instrumento para balizar a prática cotidiana nas relações interpessoais entre educador e educando. É uma obra que pretende situar-se entre as fundamentações teóricas que sustentam seus argumentos e um modo de agir prático para mediar os conflitos e indisciplinas que surgem juntamente com o ato de educar. Boa leitura!

FATORES CONTRIBUINTES DA EDUCAÇÃO - (IN)DISCIPLINA

Educar é um ato de amor. Somente amamos aquilo que conhecemos. Por essa razão, passaremos a fazer uma análise dos fatores que fazem parte da realidade sociocultural brasileira e, por consequência, influenciaram e continuam influenciando de maneira direta ou indireta todos os brasileiros. Iremos analisar os impactos significativos das transformações recentes ocorridas na evolução histórica do Brasil, estrutura familiar, meios de comunicação de massa, diversos âmbitos da comunidade e aspectos da própria natureza humana. Esses aspectos estabelecem uma certa unidade à sociedade brasileira, pois eles impactaram e continuam impactando, de uma forma ou de outra, a todos nós.

Históricos

Os educadores devem olhar para o educando a partir de uma visão mais ampla. É certo afirmar que o indivíduo enquanto sujeito da história cria a sua história particular e ao mesmo tempo participa como coadjuvante da história de muitas outras pessoas. Isso implica compreender que ninguém chega ao estágio da vida no qual se encontra de forma repentina e sozinho. O aluno não desce de paraquedas para dentro da sala de aula, oriundo de um mundo desconhecido. Ele cresce e se constitui dentro de uma historicidade, sendo fruto da multiplicidade de estímulos que recebe na sua trajetória.

Olhando para a história recente da nossa realidade, percebemos algumas transformações muito significativas que ocorreram no Brasil nas últimas décadas. Aqui vamos analisar duas grandes transformações ocorridas na sociedade brasileira.

A primeira grande revolução, no Brasil, foi no campo socioeconômico. As estatísticas apontam que no Brasil, em 1940, cerca de 70% da população morava no campo. Decorridos 50 anos, por volta do ano de 1990, essa realidade havia se invertido. Ou seja, o Brasil teria, naquele

A vista do meu ponto: uma deslumbrante forma de ver, pensar e sentir

ano, cerca de 76% da população morando em centros urbanos. Essa extraordinária migração do campo para a cidade trouxe reflexos sobre o conjunto da população. A diferença do modo de vida entre o campo e a cidade tem, no Brasil, uma expressão singular. A vida do campo, vivida em sua riqueza de tradições, traz para as cidades um folclore que passa a ser comemorado com o intuito de manter viva a memória de um passado não muito longínquo. As festas juninas são realizadas de Norte a Sul e parecem querer resgatar e mitificar a memória do lado caipira e sertanejo do povo brasileiro.

Essa transformação, tão rápida, considerando que 50 anos perante a história é um tempo muito exíguo, faz com que um grande número de pessoas que hoje mora na cidade, tenha um pé fincado no campo na seguinte relação: nasceram no campo e migraram para a cidade; nasceram na cidade, mas seus pais, avós ou bisavós têm origem ou contato com o campo (Dados pesquisados pelo autor).

É comum ouvir a seguinte expressão de alguns educadores: "No meu tempo não era assim", "No tempo dos meus pais não era assim", "No tempo dos meus avós não era assim". Em parte, essas expressões refletem a maneira de ser diferente entre o campo e a cidade. Revelam, também, a grande mudança ocorrida nos relacionamentos entre as pessoas, num espaço de tempo muito pequeno. Ocorre que no imaginário subjetivo da grande maioria da população urbana jazem elementos dessa realidade pregressa. Quando eles vêm à tona, geram essa espécie de conflito existencial entre os referenciais do passado e os atuais.

Antes de prosseguir, cabe um registro. Não estou aqui querendo fazer uma saudação ao estilo de educação autoritária praticada pelos nossos antepassados. Nem tampouco estou querendo emitir um juízo de valor. A intenção é tão somente dar luminosidade sobre esses aspectos que fazem parte da história dos nossos alunos, a fim de que possamos compreendê--los melhor. A história caminha para frente. A indagação que precisa ser feita é a seguinte: considerando o aluno de hoje, com a sua história e os valores que o trouxeram até o presente, de que educação ele precisa para constituir-se como cidadão politicamente correto, eticamente equilibrado e socialmente solidário? Aí residem os desafios das ciências da educação.

O outro prisma a ser abordado nos fatores impactam a educação e fomentam a indisciplina está relacionado com as grandes transformações ocorridas no plano político institucional, no Brasil, nos últimos 40 anos. Fazendo uma regressão no tempo até os anos 60, vamos encontrar, naquela década, um fato político que mexeu com toda a organização institucional do Brasil. No ano de 1964, ocorreu a tomada do poder pelos militares, cujo desenrolar culminou com a instalação de uma ditadura militar no país. Os diversos atos institucionais decretados pelos governos ditatoriais impactavam diretamente na vida social das pessoas. Direitos e garantias individuais eram suprimidos. Liberdade de expressão era proibida. A censura foi um instrumento largamente utilizado para controlar o pensamento coletivo. Tudo era controlado pelos aparelhos repressores do Estado. As escolas, por exemplo, foram privadas da autonomia para elaborar e adotar um Projeto Político Pedagógico (PPP) fundamentado em pedagogias progressistas e libertadoras. Trabalhavam numa prática pedagógica de orientação tradicional e não podiam fugir dessa imposição. Nesses moldes políticos, o país caminhou até os anos 80, quando começaram a surgir os primeiros sinais de abertura para a volta da democracia no Brasil.

A partir da década 80, ocorre uma verdadeira ebulição transformadora no meio social e político, cujas consequências iriam influenciar fortemente as relações entre as pessoas, pois, inicia-se a restauração da liberdade democrática. As escolas começam a modificar os seus Projetos Político Pedagógicos (PPP), que passaram a ser fundamentados em pedagogias com tendências mais progressistas. Com a implantação desses novos referenciais, nasce também a dicotomia entre o tradicional e o novo.

Na relação social e política, foram sendo implantados a mentalidade da liberdade democrática e o respeito às garantias individuais do cidadão. A palavra de ordem passou a ser o culto à liberdade. Os atos remanescentes de autoritarismo, quando constatados, passaram a ser severamente reprimidos e criticados. No campo legal, foi elaborada uma nova Constituição, além de outras Leis e Códigos que passaram a institucionalizar as novas relações sociais e políticas. Enfim, começam a soprar, no Brasil, os ventos da democracia. Com ela, a esperança de trazer a prosperidade, a liberdade e a segurança institucional a todos os brasileiros.

Todas essas transformações trouxeram influências significativas sobre a formação do imaginário subjetivo das pessoas. Antes, a palavra de ordem estava relacionada ao proibido e ao reprimido. Com o fim da ditadura, a liberdade tomou conta. As algemas foram quebradas e as pessoas passaram a ter uma relação sociopolítica mais livre, pautada em princípios democráticos.

Esse nosso legado histórico, visto por estes dois prismas — econômico/social e político/institucional —, continuam ainda a influenciar os estilos educacionais adotados por pais e professores. Não é raro encontrar nas escolas e nas famílias, educadores que ainda cultivam e saúdam as velhas práticas autoritárias de outrora.

Estrutura Familiar

Na estrutura familiar, ocorreram significativas transformações nas últimas décadas, cujos resultados afetam diretamente a relação entre pais e filhos. No modelo de família tradicional, tínhamos, via de regra, o pai como provedor da casa e a mãe que se ocupava com os afazeres domésticos. A educação dos filhos e a administração da casa ficavam aos cuidados da mãe. Pela sua dedicação integral aos afazeres domésticos, recebeu o título carinhoso de "rainha do lar". O pai era o chefe da casa e era responsável pelo seu sustento e proteção. Os membros da família viviam uma relação muita intensa e próxima. Era comum ver seus membros reunidos para fazer as três principais refeições do dia. À noite, costumavam sentar juntos para conversar, ouvir rádio, ver televisão ou rezar. Quantas histórias ali eram contadas? Os filhos ficavam atentos para não perderem nenhuma palavra das narrativas que fluíam dos adultos. Nessas circunstâncias, é inegável que a criação dos filhos tinha uma ambientação singular com ganhos qualitativos sobre a educação.

À medida que foi avançando a participação da mulher na vida econômica e outros movimentos ligados a ela ou ao casamento, tais como revolução feminina, revolução sexual, emancipação da mulher e direito ao divórcio, foram ocorrendo, gradualmente transformações significativas na estrutura familiar. A mulher deixa de ser exclusivamente a "dona de casa", a "rainha do lar", e passa a assumir trabalhos fora de casa. Esses aspectos aliados com as mudanças de natureza econômica criaram um cenário no qual quase passou a se constituir uma obrigação a mulher participar ativamente do orçamento doméstico. Em muitos casos ainda, a mulher responde sozinha pelo provimento da família e educação dos filhos.

Atualmente, não se pode mais falar em modelo de família no singular. São tantos os arranjos familiares que se encontram no cenário social, que levam a uma necessária conceituação plural no tocante aos diversos tipos de famílias. Temos a família constituída de pai, mãe e filhos; em outra casa, pode-se encontrar uma família constituída de padrasto, mãe e filhos; o vizinho poderá ter uma constituição de madrasta, pai e filhos; no outro lado da rua, pode-se encontrar uma família com padrasto, mãe, filhos e enteados. Na rua de trás, pode-se encontrar uma família constituída de avós e netos; na rua da frente, uma família formada por pai, mãe, filhos e avós. Assim, seguem as múltiplas possibilidades de configurações familiares que fogem dos padrões heteronormativos.

Com a transformação ocorrida na estrutura familiar, mudou também a relação de convivência entre os seus membros. As pessoas passaram a ter uma vida mais solitária dentro da família. As refeições nem sempre são feitas com toda a família reunida, pois os horários de trabalho dos seus membros não são compatíveis. É comum cada um ter uma televisão em seu quarto. As rodas de conversas e os momentos de oração também são escassos. Os filhos passaram a ficar sob os cuidados de babás, empregadas, creches ou algum parente. O tempo de convivência entre pais e filhos foi reduzido significativamente, a ponto de se encontrar situações extremas em que pais dizem não terem "tempo para os filhos".

Nesse contexto no qual se encontram as famílias, é que se criam as condições para o surgimento de uma educação desregrada, pois os pais, em grande escala, não conseguem ou não querem conseguir dar conta de suas funções de pais. As escolas, por sua vez, recebem os alunos com grandes carências nas questões relacionadas ao saber conviver. Problemas de falta de limites e incapacidades de conviver de forma cooperativa fazem parte do contexto atual dos alunos nas escolas. Precisamos, então, admitir que a escola não pode mais continuar se eximindo da responsabilidade de assumir a educação por inteira. A alegação de que o conjunto de valores, comportamentos e limites devem vir de casa já não cabe mais atualmente. A expressão "a educação vem de casa" já teve o seu tempo. A escola deve agir em parceria com as famílias e assumir a educação de forma mais abrangente, sob pena de não conseguir ser eficiente na transmissão do conhecimento cientificamente elaborado. A indisciplina não é uma manifestação de carência cognitiva ou ausência de conhecimentos cientificamente elaborados (Aquino, 1996). É, isto sim, manifestação da ausência ou fragilidade de valores morais e falta de limites. Com essas premissas, é cada vez mais imperativa a necessidade de que escola e família estabeleçam uma relação de parceria e de complementaridade, a fim de que a educação dos filhos/alunos possa prosperar.

Influência dos Meios de Comunicação

Um outro fator, de importância expressiva, que atua na formação da subjetividade do imaginário coletivo das pessoas são os meios de comunicação de massa (Zagury, 1997). A partir da década de 70, do século passado, ocorreu uma verdadeira avalanche de novos veículos de comunicação de massa. Além da televisão, que foi ocupando cada vez mais um lugar de destaque nas casas, surgiram os jogos eletrônicos de videogames, internet, celular, além das revistas e jornais que já existiam, entre outros.

Esses equipamentos interagem com as pessoas e, pelo que se percebe, exercem uma influência significativa na formação de modismos sociais que, nem sempre, são de natureza sadia.

Por um dever de justiça, não se pode querer satanizar ou deixar de reconhecer o importante papel que esses múltiplos meios de comunicação desempenham, já que trazem benefícios na organização da vida das pessoas. As relações democráticas de uma sociedade se fortalecem na medida em que há liberdade de expressão, imprensa livre e veículos de comunicação fortes. O problema está nos excessos e abusos praticados por esses veículos de comunicação ao veicularem publicidades, programas, quadros, novelas, filmes etc. de qualidade duvidosa em busca de sensacionalismos e lucro fácil. Por outro lado, dentro das casas, parece que os pais também perderam o poder de controlar e selecionar os programas que os filhos podem e devem assistir.

Enfim, temos aí essa realidade que não podemos negar. Ela está aí. O que poderemos fazer é agir de forma educativa com os filhos/alunos para que eles possam aprender a usar de forma crítica e responsável os materiais colocados à disposição da sociedade pelos meios de comunicação de massa. Uma outra ação possível e, igualmente importante, é a de interagir com os responsáveis pela veiculação de matérias e programas de baixa qualidade, por meio de críticas, sugestões, abaixo-assinados, correspondências, mídias sociais, entre outros. Embora a orientação aos filhos/alunos seja importante, assim como a emissão de críticas aos mantenedores da mídia, há uma ação que é fatal. Negar a audiência. O boicote é uma das armas mais certeiras que o público tem a mão para usar contra os maus veículos de comunicação. Não assistindo ou acessando aos programas ruins da televisão, rádio, mídias digitais, revistas e jornais que trazem conteúdos contra os princípios da boa educação e da ética, a sociedade dará a resposta adequada para esse problema. Desta feita, agiremos de forma cooperativa com a transformação qualitativa da sociedade e afirmaremos uma condição de cidadania responsável.

Comunidade

A comunidade exerce uma influência significativa sobre o modo de agir dos seus componentes. Quando se fala em comunidade, precisa-se, inicialmente, caracterizar os diversos âmbitos que constituem o sentido comunitário. A primeira e mais elementar forma de comunidade está centrada na família. Porém as famílias não vivem isoladas. Elas agrupam-se em comunidades mais numerosas constituindo bairros, vilas, ruas, prédios, cidades, municípios, estados, países etc. Atualmente, não se pode deixar de considerar a influência da comunidade internacional sobre as pessoas, trazida à tona com o crescente fenômeno da globalização.

Vistas em seus diversos âmbitos, as comunidades, a partir dos seus diversos elementos constituintes, geram estímulos que influenciam na definição de padrões de conduta sobre as pessoas. Reconhecer essa influência, conhecer o modo peculiar de sua ação e atuar no sentido de que a contribuição comunitária seja mais sadia, são tarefas que devem empolgar a todas as pessoas que têm funções educativas.

A comunidade, compreendida como sendo o conjunto organizado do tecido social, possui uma capacidade de ação muito grande. Para isso, faz-se necessária a sua devida articulação, organização e conscientização, a fim de que as suas forças possam ser canalizadas para a construção de relações cada vez mais solidárias. Uma comunidade organizada gera prosperidade. Quando impera a desorganização, a injustiça, os interesses particulares se sobrepondo aos públicos, temos como resultado, via de regra, a violência, a criminalidade e o caos.

A construção do sentido positivo de comunidade é uma tarefa da qual ninguém pode furtar-se. Cada indivíduo é parte integrante da comunidade e, como tal, é corresponsável, por ação ou omissão, daquilo que ela é e produz. Dessa concepção nasce o conceito de responsabilidade social. Daí pode-se inferir que cada cidadão brasileiro é responsável por uma cota-parte dos prodígios e mazelas produzidos na grande comunidade chamada Brasil.

Natureza Humana

A indisciplina é um fenômeno que tem a sua maior manifestação entre os seres humanos. Ao analisarmos o comportamento dos demais seres vivos, constata-se que são praticamente inexpressivas as atitudes indisciplinadas entre eles. Num formigueiro, por exemplo, as formigas desempenham as suas funções de uma forma idêntica sem que haja a necessidade de maiores pressões e controles por parte da administração do formigueiro. Todas seguem um comportamento que já vem codificado em sua composição genética. Vivem, portanto, num determinismo genético, cujos desígnios não conseguem superar. O mesmo acontece com as abelhas, aves, peixes e outras espécies de animais.

No ser humano, no entanto, não funciona assim. Ele não nasce com a fonte genética que determina as suas atitudes. Possui o livre-arbítrio, o que o possibilita fazer escolhas, tomar decisões e agir da forma que melhor lhe aprouver num determinado momento e contexto. Já que o ser humano não nasce com o código de conduta impresso na sua estrutura genética, o mesmo precisa ser elaborado fora dele. Daí nascem as leis, contratos, regimentos, normas para todas as situações que vão reger a vida da comunidade. Essas normas e leis, na maioria das vezes, são feitas por um grupo de pessoas para serem cumpridas por outras. Essa é uma das razões pelas quais as mesmas nem sempre são fielmente cumpridas. Todavia, não há garantias de que uma pessoa siga sempre as regras de forma correta, mesmo que elas tenham sido elaboradas por ela e para ela, tendo em vista a capacidade que o ser humano possui de fazer escolhas. Essas escolhas nem sempre são afinadas com as regras que ele sabe que precisaria seguir.

Ante essa constatação, pode-se pensar que a indisciplina se constitui num fenômeno de natureza humana que, talvez, jamais terá um fim. Disso decorre compreender que não é producente perseguir objetivos que tenham como meta "acabar com a indisciplina". Precisamos aprender a trabalhar com ela, a fim de trazê-la a níveis aceitáveis para cada tempo e espaço. Um grito, por exemplo, tomado de forma isolado, não pode ser caracterizado como um ato de indisciplina. Todavia, se esse grito ocorrer em um ambiente onde a concentração e o silêncio são necessários, aí sim, poderíamos entendê-lo como ato de indisciplina. Esse exemplo é significativo para ilustrar que a indisciplina é relativa. Muitas vezes, caímos em armadilhas de esquadrinhar e rotular os atos sem relacioná-los com o contexto.

Ainda é digno de registro que a indisciplina também está presente na própria gênese do ser humano, tomando como referencial a origem humana como criatura feita por Deus, a sua imagem e semelhança, conforme consta no livro de Gênesis da Bíblia. Adão e Eva foram indisciplinados ao contrariarem as regras que lhes foram dadas pelo Criador de não comerem a maçã. Se continuarmos lendo os textos bíblicos a partir do Gênesis, iremos encontrar várias outras situações em que o ser humano desobedece aos preceitos estabelecidos por seu Criador.

Diante disso, parece que podemos admitir que o ser humano traz uma natureza que o impele para a transgressão. Esse aspecto também se encontra subentendido na expressão "errar é humano". Se tomarmos essa máxima em sentido diferente, chegaremos à seguinte afirmativa: se "errar é humano", então a pessoa que não erra deixa de ser humana.

FATORES CONTRIBUINTES DA INDISCIPLINA GERADOS NA ESCOLA

A reflexão feita até agora levou em consideração os elementos externos à escola que, de uma forma ou de outra, contribuem com o processo educativo das crianças. O propósito agora é identificar dentro da escola alguns fatores que podem estimular a geração da indisciplina. É importante identificar e compreender as causas que estão por trás dos atos desregrados. Assim, torna-se mais fácil resolver os problemas da indisciplina e criar um ambiente sadio em que os alunos se sintam menos propensos a praticar atos indisciplinados. As causas que têm origem no interior da escola são múltiplas. Porém, aqui iremos abordar apenas três: 1) instalações físicas; 2) uso de metodologias inadequadas; e 3) inabilidade dos educadores.

Instalações Físicas

O ser humano é, permanentemente, influenciado pelos estímulos que têm origem nas estruturas físicas do ambiente no qual se encontra. A temperatura, a limpeza, a organização, a estética, o conforto, a luminosidade, o odor, o ruído entre outros, são quesitos que causam reações de aprovação ou de reprovação, dependendo do nível de satisfação que esses elementos dão às pessoas. Quando algo incomoda, é natural que se tenha reações com o propósito de eliminar esse incômodo.

A partir dessa constatação, precisamos compreender os aspectos ambientais internos da escola em seus diversos compartimentos (salas de aula, banheiros, pátio, biblioteca, quadras esportivas etc.) para saber que impactos positivos ou negativos estão causando nos alunos. Da mesma forma, faz-se necessário verificar o mobiliário (carteiras, mesas, quadros etc.) para saber se os alunos se encontram confortavelmente instalados durante as atividades que executam na escola.

Para ilustrar de forma concreta como as instalações físicas são um elemento importante no controle das atitudes, vamos explorar a temperatura. Digamos que as salas de aula de uma escola hipotética não tenham equipamentos de refrigeração, são mal ventiladas, o Sol incide para dentro das salas nas tardes quentes de verão e os alunos sentam-se próximos uns aos outros, porque a turma é muito grande em relação à sala. Nessas condições ambientais, é natural que os alunos fiquem agitados e irritados pelos incômodos que recebem do fator temperatura. Essa irritabilidade e agitação podem desencadear conflitos relacionais entre os alunos ou entre os professores e os alunos. Essas circunstâncias, para o professor menos atento, podem levar a situações em que algumas atitudes dos alunos, motivadas pelas condições ambientais, sejam interpretadas como atos de indisciplina. Nesses casos, o professor precisa levar em consideração os fatores estimulantes da indisciplina e ter reações que sejam solidárias com os incômodos vividos pelos alunos. Adotar discursos repressivos e moralistas nesses momentos, geralmente, leva a um caos maior. Dizer, por exemplo: "Vocês precisam aprender a suportar desafios. Isso não é nada. No meu tempo de aluno era pior ainda". Uma possibilidade adequada de abordar essa questão poderia ser a seguinte: "Eu compreendo as razões pelas quais vocês estão agitados. A sala realmente está muito quente. Mas vamos precisar da compreensão e um pouco de esforço de cada um de vocês, pois não temos outro espaço, senão este". Desta feita, há maiores possibilidades de amenizar a situação e conseguir a colaboração dos alunos. A mesma lógica serve também para os demais aspectos das instalações da escola, quando são causadoras de incômodos aos alunos.

Metodologias Educacionais Inadequadas

Um outro aspecto que pode contribuir muito na geração de atitudes indisciplinadas está na escolha das dinâmicas que o professor utiliza durante as aulas. Os profissionais da educação devem levar em consideração que os alunos, em seus contextos familiar e social, fazem contato com diversos equipamentos em que precisam de muita agilidade mental e corporal para operá-los. Estamos falando dos smartphones, tablets, computadores, com acesso à internet, a uma infinidade de jogos e aplicativos, que produzem um dinamismo significativo nas atividades cotidianas dos alunos.

Diante dessa realidade, fica muito difícil conseguir a atenção dos alunos por muito tempo se o professor exagerar em prolongadas aulas expositivas. Não estamos querendo dizer que as aulas expositivas não têm o seu valor. Apenas devem ser mais bem dimensionadas quanto ao tempo de duração. É comum ouvir a seguinte expressão dos alunos: "Que aula chata!". Essa expressão denuncia, em parte, que o professor não foi feliz na escolha da metodologia que utilizou na aula. A melhor estratégia está na diversidade. Alternar aulas expositivas com atividades manuais, trabalhos em grupo, aulas externas, uso de multimídia, recursos audiovisuais, pesquisas, projetos, sínteses individuais e coletivas, entre outras possibilidades, são algumas maneiras de incrementar a aula. Quanto mais atrativa for a aula, mais os alunos colaboram com ela. O contrário também é verdadeiro: quanto menos atrativa for a aula, menos os alunos colaboram com ela. Este é um dos maiores desafios dos professores: conseguir atrair e manter a atenção dos alunos. O receituário dos que conseguem se sair bem nesse quesito mistura um pouco de diversos ingredientes, entre eles: domínio de conteúdo; estar aberto para o diálogo; ser justo; ser imparcial; respeitar os alunos; compor e não impor; ser firme e não grosseiro; ser tolerante, porém consequente; ser coerente, entre outros.

(In)Habilidade dos Educadores

Quando falamos em educadores, estamos na verdade nos referindo a um conjunto muito amplo de pessoas. O pai e a mãe são os primeiros educadores. Via de regra, educam os filhos tendo como parâmetro o estilo educacional herdado de seus pais, mesclado com algumas leituras e concepções próprias. São muito pequenas as iniciativas de pais que procuram uma preparação teórica formal para lidar com as múltiplas implicações da paternidade e da maternidade.

Quando falamos em educador no contexto escolar, estamos nos referindo a um profissional. O professor faz uma opção pela profissão de educador e, para isso, qualifica-se por meio dos cursos de magistério. Teoricamente, os professores deveriam estar, então, plenamente habilitados para o exercício do magistério, considerando-se que foram treinados e preparados para tal. A realidade, porém, não se apresenta dessa forma. Costuma-se verificar que um dos motivos da indisciplina nas escolas tem como origem a inabilidade dos profissionais da educação. Essa inabilidade, em parte, justifica-se pela deficiência dos currículos que preparam os professores. Fazendo-se uma análise qualitativa desses currículos, constata-se que há um direcionamento muito privilegiado para o treinamento de metodologias e técnicas educacionais, assim como para o domínio dos conteúdos da disciplina em estudo. Não que isso não seja importante ou dispensável. Como já nos referimos antes, o bom professor precisa ter domínio de conteúdo e saber eleger a metodologia certa para o conteúdo que vai trabalhar. A deficiência, a nosso ver, está na falta de aprender na academia a lidar com o humano. O aluno não é um recipiente passivo no qual o professor deposita um conteúdo. Ele é um ser reagente, dotado de capacidades que lhe permitem interagir de forma crítica com os conteúdos que estão sendo trabalhados, a metodologia utilizada e as questões interpessoais entre professor e aluno. Além disso, o aluno é um ser relacional dotado de sentimentos que afloram nas mais diversas formas de manifestações durante o processo educacional. São frequentes nas crianças as demonstrações de raiva, ciúme, choro, agressividade, frustra-ções, medos, entre outras expressões de sentimentos, que podem levar os educares a uma imobilização. Às vezes, percebe-se também educadores que misturam os seus afetos mal resolvidos com os dos educandos, gerando um rastro de conflitos e ressentimentos. Qual deveria ser a atitude de um educador diante de um educando que o xinga com uma expressão nada respeitosa do tipo: "Vai tomar nos olhos". Diante de uma situação dessa é que o educador precisa demonstrar todo o seu preparo profissional. Evidentemente não é revidar o xingamento que trará o melhor resultado educacional. Nessa hora, faz-se necessário manter o controle emocional e agir de forma firme, a fim de que essa oportunidade se transforme num momento privilegiado para educar. Para lidar com essas situações, infeliz-mente, os currículos que formam os profissionais da educação são muito pobres. Por essas razões, percebe-se que há professores que conseguem bons resultados no tocante ao conteúdo. Mas quando precisam agir nas questões de natureza humana, relacional, administrar conflitos, gerenciar emoções em momentos de tensão, tendem a mostrar a sua inabilidade. Via de regra, os professores aprendem a lidar com esse tipo de problema enfrentando a realidade nas salas de aula. O que é lamentável!

A vista do meu ponto: uma deslumbrante forma de ver, pensar e sentir

QUEM EDUCA OS NOSSOS FILHOS/ALUNOS?

Esta é uma pergunta que, numa primeira análise, parece ter uma resposta fácil. Mas quando nos detemos em uma reflexão mais profunda, percebemos que a resposta requer uma elaboração mais complexa. Há a tese de que a educação vem de casa. Essa premissa já não encontra mais respaldo na configuração da realidade atual. As famílias já não conseguem mais dar conta dessa atribuição sozinhas. Para ajudar a família nessa tarefa, temos as creches e as escolas. Mas será que somente a família e a escola educam? Também não. A educação mostra-se com uma abrangência muito mais ampla, que extrapola os âmbitos da família e da escola. Para termos uma ideia do universo de estímulos manipulados pelos filhos/alunos, que, de uma forma ou de outra, afetam o seu perfil educacional, podemos admitir três categorias de agentes: 1) pessoas; 2) instituições; e 3) instrumentos e objetos.

Pessoas

Partindo da premissa de que ninguém sai ileso de uma relação interpessoal, podemos inferir que todas as pessoas que convivem com as crianças/alunos contribuem com a sua educação (Miranda, 2002). Nesse universo de pessoas, incluem-se: pai, mãe, irmãos, primos, avós, cunhados, vizinhos, colegas, professores, amigos, artistas, entre outros. É evidente que nesse conjunto de pessoas há os que são mais significativos em relação aos outros. Via de regra, os pais costumam ocupar o primeiro lugar nesse referencial significativo. Porém há exceções. Por diversas razões, encontramos situações em que os pais não ocupam o topo nesse gradiente de pessoas mais significativas. Não é o caso de ficarmos aqui detalhando as múltiplas variáveis que interferem na definição do nível de relação que cada pessoa estabelece com a outra. Essa investigação por si só teria conteúdo suficiente para compor um livro, não obstante a vasta exploração já feita sobre essa temática (Tiba, 1996; Zagury, 2001). O que queremos aqui significar é o fato de que todas as pessoas com as quais o educando faz contato contribuem, de uma forma ou de outra, com a sua educação.

Instituições

Saindo da relação pessoal entramos na relação institucional. As instituições sociais, por meio do seu modo de agir, também interagem com a formação educacional das pessoas com as quais têm contato. Nesse universo de instituições, incluímos: as famílias, as escolas, as empresas, os sindicatos, as igrejas, as comunidades, os poderes constituídos, as associações, os clubes etc. Dependendo da atuação das instituições com ralação à ética, seus comprometimentos e responsabilidades sociais, sua contribuição para se firmarem como referências positivas ou negativas, elas sinalizarão para a sociedade um viés de conduta que poderá ser incorporado às práticas cotidianas no plano pessoal. Por essa razão, quanto mais sólidas, sérias e atuantes forem as instituições de um país, melhor servirão para a propagação de estímulos positivos que irão contribuir com a sustentação de sua base social. A recíproca também é verdadeira. Quanto mais corrompidas forem as instituições, mais desintegrada será a base social na qual se encontram.

Instrumentos e Objetos

Saindo das relações pessoal e institucional, entramos na relação material, aqui definida pelos instrumentos e objetos com os quais as pessoas fazem contato. Nessa categoria, relacionamos os seguintes elementos: livros, brinquedos, aparelhos eletrônicos (smartphones, tablets, videogames etc.), álcool, drogas, adornos corporais etc. etc. etc. Volta e meia nos deparamos com discussões do tipo: "Será que tal brinquedo é educativo?", "Será que este brinquedo faz bem?". E assim por diante. Tomemos, como exemplo, o jogo de xadrez. Esse jogo se encontra muito difundido nas escolas e clubes do gênero, pois ele aguça o raciocínio, estimula a capacidade de concentração, favorece a memória, entre outras virtudes. Essa é uma leitura absolutamente real e verdadeira sobre esse jogo, do qual sou um assíduo praticante. Porém não podemos deixar de considerar, também, uma outra leitura que o jogo de xadrez também revela. Trata-se de uma batalha medieval em que dois reinos guerreiam entre si e cada um tem como objetivo matar o rei do adversário. A trama do jogo segue esta lógica. Um cenário de guerra em que o objetivo é aniquilar as forças do exército oponente. Diante desse contexto, voltamos à reflexão: o jogo de xadrez é bom ou é ruim? A resposta adequada não é definitiva. As duas concepções são possíveis. Depende apenas de qual delas se quer utilizar. Se o objetivo for prestigiar o raciocínio, a elaboração de estratégias e o trabalho em equipe, então o jogo do xadrez é muito bom. Porém, se lançarmos o olhar sobre sua parte agressiva, que se relaciona com a dominação, a eliminação, a matança e a guerra, então talvez o jogo de xadrez não seja tão bom assim. Da mesma forma, segue a lógica para os demais objetos e equipamentos que manipulamos. Todos eles têm aspectos favoráveis e desfavoráveis. A diferença está então em como exploramos esses materiais. Aí entra o papel significador do educador. Ao permitir que a criança tenha contato com os mais diversos instrumentos e objetos, faz-se necessário refletir com ela a respeito do seu uso adequado. Os objetos não são bons nem ruins por si só. Eles adquirem o conceito de bons e ruis dependendo do uso que fazemos deles. Um lápis é um instrumento muito eficiente na elaboração da escrita. Porém ele pode transformar-se numa arma se for utilizado para furar o colega.

Enfim, precisamos compreender que o processo educativo se constitui de uma natureza muito complexa, em que a ação educativa da família e da escola contribui apenas com parte dos estímulos que irão agir na formação global de nossos filhos/alunos.

DIFICULDADES NATURAIS DAS CRIANÇAS

A relação entre educador e educando precisa ser dimensionada de forma a considerar as limitações naturais das crianças. Muitas vezes, cobramos atitudes ou respostas dos alunos como se eles já fossem adultos. Ou exigimos um rigor exacerbado na postura disciplinar que vai longe da disciplina interior praticada pelo próprio educador. Deve haver um equilíbrio entre o que é cobrado dos filhos/alunos e o que é vivido pelo educador. O exemplo, neste caso, tem um efeito muito forte e persuasivo. A postura do tipo "faça o que eu digo e não faça o que eu faço" constitui-se numa experiência de resultados muito negativos. Também precisamos respeitar o direito de errar da criança. O erro faz parte da natureza humana. Tanto que a máxima "errar é humano" já se encontra cristalizada na sociedade. Não podemos deixar de considerar isso quando estamos na função de educadores. Entre as diversas dificuldades naturais das crianças, vamos apontar, nesta reflexão, apenas três linhas de abordagens, que são: 1) Atributo da responsabilidade; 2) Aspectos relacionais; e 3) Aspectos emocionais.

Atributo Responsabilidade

Quando chamamos uma criança de irresponsável, estamos na verdade afirmando o que ela tem de mais comum. Os alunos durante a travessia das fases pueril e juvenil encontram-se num estágio de criatividade irresponsável. Isso quer dizer que eles são muito criativos, mas não têm muita noção e preocupação com a responsabilidade. São comuns, nesse período, os esquecimentos. Esquecem facilmente coisas que são da responsabilidade deles, tais como: dar recados aos pais encaminhados pela escola; levar os materiais necessários do dia, entre outros. Torna-se muito comum ouvir: "Esqueci!". Diante das manifestações de irresponsabilidade, entra o papel fundamental do educador: aproveitar a oportunidade para educar. Como? Refletindo com a criança/aluno sobre o compromisso não cumprido, pactuando novo momento para o seu cumprimento e definir as consequências. Se compreendemos responsabilidade como sendo a habilidade de dar.respostas aos problemas que se apresentam em nosso cotidiano, então temos que admitir, também, que essa habilidade de dar respostas não é inata. Ela precisa ser adquirida por meio do exercício da experimentação, no qual o erro e o acerto fazem parte do mesmo jogo. O trabalho educativo deve visar à predominância dos acertos em detrimento dos erros.

Aspectos Relacionais

Aprender a conviver é, às vezes, muito mais difícil do que aprender um conteúdo qualquer. Aprender a conviver nem sempre segue uma lógica entre teoria e prática. São muito comuns as situações em que as pessoas são capazes de descrever, sabiamente, a teoria da convivência sadia. Porém quando partem para a prática, mostram um caos relacional repleto de conflitos. As crianças e adolescentes, em suas caminhadas para a vida adulta, experimentam a via dolorosa que os impulsiona à capacidade de conviver harmoniosamente no meio social. Precisam, nessa travessia, aprender a romper as barreiras do egocentrismo e incorporar hábitos e práticas de partilhar solidariamente.

Essa travessia nem sempre é fácil. As manifestações de dificuldades relacionais precisam ser transformadas pelos educadores em oportunidades privilegiadas para educar. Nos momentos de carências e de dificuldades, as reflexões de cunho educativo tendem a ser mais bem assimiladas, desde que bem conduzidas. Nesse sentido, o erro pode ser aproveitado para uma reflexão rica e transformadora. "É na dificuldade que se criam as oportunidades". Essa frase, de autoria desconhecida, traz um ensinamento profundo para ser utilizado diante das dificuldades relacionais. À medida que a pessoa vai experimentando as relações, vai sendo afetada por elas e, por conseguinte, sai diferente de como entrou.

As relações de convivência, por exemplo, sejam na escola, na família ou em outros meios sociais, estabelecem as oportunidades para se atingir um estar junto mais equilibrado. Cada conflito, atrito e cada divergência é um momento privilegiado para uma lapidação das arestas obtusas que causam as feridas relacionais.

Aspectos Emocionais

O amadurecimento e o equilíbrio emocional são aspectos que atingimos com grande dificuldade. Gerenciar as emoções e sentimentos não é tarefa fácil. As crianças e os adolescentes tendem a ser muito verdadeiros quando se trata de demonstrar as emoções. Costumam passar com facilidade de um estado de choro para uma situação de alegria e vice-versa. Em segundos, conseguem transformar amor em ódio e assim por diante. Fazem isso com tanta facilidade que costumam deixar os adultos falando sozinhos. São comuns as cenas em que duas crianças brigam, batem-se, esbofeteiam-se, xingam-se etc. Numa primeira olhada, percebe-se a expressão evidente de ódio entre os dois brigões. Aí, nesse quadro, entra o adulto para restabelecer a paz entre eles. Muitas vezes, nem há tempo para o adulto entender as razões da agressão e os alunos já "estão de bem", prontos para voltarem a brincar. Isso revela o quanto os alunos processam rapidamente as emoções e tendem a vivê-las num realismo muito profundo. Quando choram, parece que "o mundo vem abaixo". Quando se sentem desamparados, não têm a menor dificuldade de demonstrar o medo ou o pânico, e assim por diante.

Sobre esse quadro de carências naturais das crianças é que a ação educadora vai agir. Essa ação precisa ser dosada de acordo com as circunstâncias e deve encontrar no diálogo reflexivo a estratégia privilegiada para fazer as mediações necessárias. Muitas vezes, percebem-se cenas em que o educador deixa-se contagiar com a instabilidade das crianças e desequilibra-se também, transformando o momento numa tragédia relacional em que o perdedor é o próprio educador.

ESTILOS DE PRÁTICAS EDUCACIONAIS

Em termos de estilos educacionais, percebe-se que há um conjunto muito variado de práticas. Essa diversidade é encontrada tanto nas relações entre pais e filhos, como também nas relações entre professor e aluno. Parece que cada família e cada professor criou um jeito próprio de trabalhar as relações educacionais com os filhos/alunos. Quando temos muita diversidade, temos, por conseguinte, pouca unidade. Nesse aspecto, podemos começar a estabelecer uma linha de compreensão sobre o universo de realidades díspares que encontramos no contexto de uma escola. Sendo os alunos oriundos de estilos de práticas educacionais diferentes, oriundos de âmbitos socioculturais diferentes, oriundos de realidades econômicas diferentes, fica mais fácil compreender as diferenças no modo de agir, diferenças no modo de pensar e diferenças no conjunto de valores com os quais nos defrontamos nas salas de aula.

Fazendo-se uma análise entre os diversos estilos educacionais praticados atualmente, podemos agrupá-los em três categorias: 1) Estilo autoritário; 2) Estilo permissivo; e 3) Estilo democrático.

Estilo Autoritário

São educadores que possuem como característica fundamental a rigidez, a pouca afetividade, são pouco comunicativos e muito controladores. Essa forma de agir pode trazer, como consequências favoráveis, a obediência, a organização e um apurado senso de responsabilidade. Por outro lado, esse tipo de relação educadora tende a criar as condições para o surgimento de um conjunto significativo de aspectos desfavoráveis, tais como: timidez, apreensão, baixa autonomia, baixa autoestima e valores morais pouco interiorizados.

Fazendo-se uma análise entre os prós e contras do estilo educacional autoritário, podemos verificar que os aspectos desfavoráveis não são o que poderíamos desejar para uma educação equilibrada que leve em consideração a formação de pessoas livres e criativas.

Estilo Permissivo

São educadores que têm como característica a valorização do diálogo, aceitam as opiniões das crianças, usam de tolerância sem limites e não se preocupam muito em controlar as crianças. Com esse estilo educacional, criam-se as condições favoráveis para o surgimento de crianças alegres, com alta disposição e muito comunicativas. Por outro lado, abre-se também o caminho para surgirem crianças com comportamentos impulsivos, imaturos, com dificuldade de assumir responsabilidades e uma flagrante demonstração de falta de limites.

Num balanço entre os aspectos positivos e negativos do estilo educacional em que se privilegia a permissividade, pode-se verificar que as consequências desfavoráveis criam um conjunto de atitudes que dificultam que as crianças assumam a vida de forma autônoma e responsável. Além do mais, a falta de limites torna a relação entre as crianças e os adultos, às vezes, insuportável.

Estilo Democrático

Esse modelo de prática educacional tem como características o seguinte: alto nível de comunicação; afetividade; estímulo às crianças para emitir opiniões sobre determinados assuntos; estabelecimento de regras e limites claros e restrições com justificativas. Nessa relação educativa, favorece-se o surgimento do autocontrole, da autoestima, da capacidade de tomar iniciativas, da autonomia e de valores morais interiorizados. Quando esse estilo é praticado em sua plenitude, não há consequências negativas. A relação entre educador e educando é pautada pelo respeito mútuo. Nessas condições, temos um quadro mais equilibrado e gerador de um ambiente sadio para a educação frutificar em todas as dimensões.

PÉROLAS PARA UMA CONVIVÊNCIA SADIA

Saber conviver não é uma coisa fácil. A convivência requer a renúncia à primazia do "eu" para uma relação partilhada em que deve prevalecer o uso do "nós". Nenhuma relação interpessoal é sadia e durável quando ocorre a dominação opressiva de um sobre o outro. As relações desse tipo têm a sua durabilidade limitada até o aparecimento de uma oportunidade para o lado sufocado libertar-se. Muitas vezes, essas relações podem durar uma vida inteira, sustentadas por uma dependência econômica ou outros interesses, carências ou necessidades que levam a uma aceitação resignada da dominação do outro. Cabe ressaltar que na relação de convivência em que há a responsabilidade da dependência, faz-se necessária uma "reserva de autoridade" por parte do mantenedor, para gerir os interesses de ambos. Exemplo: pais e filhos menores.

Saber conviver não é algo que nasce conosco. Precisa ser aprendido. O ser humano nasce solitário e segue em seu desenvolvimento infantil carregado de um apurado senso de egoísmo e egocentrismo. À medida que vai crescendo, vai também descobrindo o outro e estabelecendo com esse outro as relações de convivência. Gradualmente, a criança vai aprendendo a partilhar, a ser solidária, a ser cooperativa e vai descobrindo que ela não consegue viver só.

A convivência, para ser sadia, precisa ser conduzida a partir de um conjunto de posturas que necessitam ser reciprocamente partilhadas. São muito variadas as fórmulas dos pactos que regram as relações de convivência entre as pessoas. Porém existem algumas que não podem ser prescindidas numa convivência sadia. São elas: 1) Ações integradas; 2) Respeitar para ser respeitado; 3) Uso do diálogo; 4) Ser Justo; 5) Ser firme, jamais grosseiro; 6) Ser tolerante, porém consequente; 7) Ser perseverante; 8) Não impor, mas compor; e 9) Amor exigente.

Por entendermos que elas sejam imprescindíveis é que as denominamos de "Pérolas para uma Convivência Sadia". Na sequência, vamos refletir sobre cada uma dessas pérolas, focalizando-as dentro de uma perspectiva educacional.

AÇÕES INTEGRADAS

Quando falamos em ações integradas, estamos querendo falar da cooperação que precisa existir entre as pessoas que partilham os trabalhos relacionados à educação dos filhos/alunos.

Começando na família, já que é ali que se inicia o processo educacional, é extremamente importante que os pais tenham uma linguagem, uma postura, uma linha, uma direção ou posturas integradas quando se trata da educação dos filhos. Costuma-se dizer que na casa em que o pai diz "A", a mãe diz "B", o filho tende a dizer "C". Ou seja: cada um age de forma autônoma e ninguém se entende sobre o melhor caminho a ser seguido. As consequências desse tipo de relacionamento doméstico tendem a ser catastróficas para a educação dos filhos. Quando os filhos percebem que o pai tem uma opinião e a mãe tem outra, é comum ocorrer a migração do filho para a opinião de um ou de outro, dependendo dos interesses pessoais que estiverem em jogo. Quando for favorável para o filho concordar com o pai, ele estará com o pai. Mas quando a opinião da mãe lhe for mais vantajosa, ele correrá para a mãe. Via de regra, essa postura deixa os pais em conflito.

Os pais precisam definir em conjunto as estratégias que adotarão na educação dos filhos e segui-las. As divergências devem ser discutidas entre eles, sem a presença dos filhos. Quando forem se dirigir aos filhos, devem usar as expressões: "Nós", "Eu e teu pai", "Eu e tua mãe", "O teu pai e tua mãe" etc. Sempre dando a entender que a decisão foi tomada em conjunto. Frases do tipo: "Eu deixaria você ir ao shopping com seus amigos, mas o seu pai é contra", "Eu te daria uma bicicleta de presente, mas a sua mãe não quer", entre outras, são muito ruins quando utilizadas pelos pais. Elas sempre deixam um dos dois na situação de carrasco e isso não é sadio.

Um destaque especial precisa ser feito para o caso de pais separados. Quando a separação acontece, geralmente os filhos tendem a permanecer com a mãe. O pai passa a ser mais ausente no que se refere ao dia a dia da criança. Vale lembrar que a participação do pai separado na vida do filho não deve restringir-se à contribuição financeira. Os filhos têm a necessidade de contato com o pai, a fim de que possam desenvolver plenamente os atributos psicológicos repassados pela figura paterna. Quando os filhos ficam sob a guarda do pai, a mãe também precisa continuar mantendo o contato com os filhos, para que eles possam estruturar-se psicologicamente com a figura materna. Uma pergunta poderia ser feita agora. E quando os pais morrem, o que acontece? A morte é uma perda muita significativa na vida das pessoas. Quando ela acontece, após passado o sofrimento da perda, a vida dos que ficaram começa a se restabelecer e se reorganizar sem mais a presença do pai ou da mãe ou de ambos. Embora não seja uma coisa fácil, a reestruturação da vida após uma perda significativa vai ocorrer naturalmente, com uma grande diferença. A separação motivada pela morte dá-se por uma causalidade que não cria nos filhos o sentimento de rejeição, ciúme, raiva, inveja ou abandono. Já a separação, quando não bem conduzida, pode gerar esse tipo de sentimento, cujas consequências são prejudiciais ao pleno desenvolvimento dos filhos, com reflexos sobre a autoestima, por exemplo. Com a morte dos pais, os filhos órfãos tendem a aceitar com mais naturalidade a presença de um pai ou de uma mãe adotiva, que irá fornecer-lhes as configurações mentais da paternidade e da maternidade. Por essa razão, sob a ótica educacional, faz-se necessário que fique compreendido que numa separação deve ocorrer somente a separação entre o marido e a esposa. Os pais não se separaram. O contrato social do casamento se desfaz. Porém ambos continuam sendo os pais dos filhos que geraram enquanto estavam juntos e, perante a sociedade, ambos devem manter a responsabilidade sobre sua educação.

Saindo da esfera da família, quando os filhos começam a frequentar a escola, torna-se necessário que a família e a escola tenham uma afinidade de ação. Nesse aspecto, é importante que os pais busquem o máximo de informações a respeito da atuação da escola, a fim de se certificarem que ela dará continuidade aos princípios e valores praticados em casa. O relacionamento entre os pais e a escola deve seguir os mesmos princípios descritos anteriormente referentes aos pais. Ou seja: as divergências que surgirem devem ser discutidas e solucionadas entre a escola e os pais, sem a presença dos filhos/alunos. Depois que as divergências estiverem resolvidas, as soluções pactuadas devem ser seguidas por ambas as partes. Escola e família devem ser parceiras quando se trata da educação dos filhos/ alunos. Devem estabelecer uma relação de complementaridade, já que se vinculam de forma recíproca, ou seja, uma precisa da outra. Quando essa relação for pontilhada por divergências e conflitos recorrentes, o melhor que pode ser feito é romper a parceria.

RESPEITAR PARA SER RESPEITADO

Nunca se falou tanto em respeito como se fala hoje. Em todos os quadrantes, ouvem-se clamores referentes ao respeito, tais como: "Temos que respeitar", "Você me respeita", "Respeito às leis", "Respeito ao meio ambiente", "Respeito às pessoas" etc. Por outro lado, percebe-se também que o desrespeito anda solto por aí e pode ser encontrado em todos os lugares. Nessa contradição, parece que ainda não foi possível superar uma velha e decadente lógica do "faça o que eu digo, mas não faça o que eu faço". É impossível falar em respeito sem que esteja vinculado a uma prática que corrobora essa fala. Foi-se o tempo em que era possível conseguir o respeito por meio de atitudes verticalizadas e autoritárias no formato "eu mando e você obedece". Costuma-se dizer que quem desrespeita o outro está autorizando o outro a também desrespeitá-lo.

Respeitar o outro significa enxergar no outro um outro eu. Ver, em primeiro plano, a pessoa humana e respeitá-la como tal. Esse respeito significa aceitá-la de forma incondicional, sem julgamentos e preconceitos. Isso implica em abandonar os olhares classificatórios e taxativos que muitas vezes somos estimulados a lançar sobre os outros, atendo-nos aos seus aspectos externos e a seus status, tais como: rico, pobre, preto, branco, alto, baixo, bonito, feio, cheiroso, fedido, asseado, maltrapilho, chefe, subordinado, presidente, subalterno, entre outros.

Na relação educativa, a prática do respeito é fundamental para criar um vínculo de credibilidade entre educador e educando. Sem credibilidade, o docente passa a ser uma pessoa não significativa para o estudante, o que compromete o processo educativo.

São muito variadas as formas da prática do desrespeito. Vão desde as expressões mais visíveis até as atitudes mais sutis. Para verificar se uma atitude é desrespeitosa ou não, basta inverter a posição das personagens e perguntar: como eu me sentiria se alguém fizesse isso comigo? Se você receber essa ação e se considerar desrespeitado, então você também desrespeita quando a pratica contra outrem.

O respeito é um atributo exigível na relação de convivência. Todas as pessoas, indistintamente, são merecedoras e têm direito ao respeito. O respeito tem a sua origem assentada em bases racionais e objetivas. A sua presença traz harmonia aos relacionamentos, enquanto a sua ausência gera conflitos e dissabores.

O desrespeito, via de regra, revela por parte de quem o pratica uma certa intenção de superioridade e indiferença em relação ao outro. A pessoa perde a noção da sua natureza relacional e o sentido do ser para posicionar-se num degrau superior.

USO DO DIÁLOGO

O diálogo reflexivo deve ser o instrumento privilegiado que o educador deve usar em sua ação educadora. O diálogo não pode ser confundido com monólogo. O educando precisa ser ouvido. Ele precisa expressar-se. Uma técnica que dá bons resultados é pedir para que o educando fale sobre o seu ato desregrado. A postura de ouvidor, por parte do educador, ao deixar o filho/aluno com a palavra, é muito educativa. Muitas vezes, ao refletir sobre o ato indisciplinado, a própria pessoa chega à conclusão de que errou e já sinaliza a sua disposição de mudar de atitude. Nesse caso, basta ao educador externar a sua concordância e checar para ver se o compromisso assumido pelo educando será cumprido.

Algumas condições precisam estar presentes para que o diálogo possa ser produtivo: 1) estar num ambiente reservado, sem plateia; 2) o docente não estar abalado emocionalmente; 3) um deve respeitar a fala do outro. Com esses elementos presentes, o ato educativo tende a ser construtivo, pois permite uma relação em que os dois saem ganhando. Essa estratégia evita também as rupturas e as incompatibilidades entre o educador e o educando, cujas situações, quando ocorrem, são extremamente prejudiciais.

Após concluída a etapa da escuta, o educador habilidoso aproveita os próprios elementos da narrativa do educando para fazer as ponderações necessárias sobre as causas e efeitos do ato indisciplinado, assim como sobre as consequências que serão acarretadas em caso de reincidência.

O diálogo deve ser objetivo e não necessariamente muito extenso. As preleções muito prolixas tendem a provocar cansaço e desinteresse no educando. A conversa deve manter-se circunscrita ao ato indisciplinado. Nada de generalizações extremadas do tipo: "Você não presta", "Você não vale nada", "Você não tem jeito", "Com estas atitudes você não chegará a lugar nenhum" etc. Não devemos esquecer que estamos querendo corrigir apenas um aspecto determinado da conduta do educando. As pessoas não são boas nem más num sentido intrínseco. Elas apresentam atitudes boas ou más dependendo do momento e das circunstâncias nas quais estão inseridas. E quando formos trabalhar um aspecto específico na criança, devemos ater-nos somente a ele.

Enfim, também não podemos esquecer de olhar o aluno/filho como um ser em formação, em construção, ainda imperfeito, ou ainda, no sentido etimológico da palavra aluno (do latim *alumnuns* — aquele que se alimenta do conhecimento) ao qual não poderá ser negado o direito de errar. Evidentemente não queremos, com isso, fazer uma apologia ao erro. Devemos aprender a aceitar o erro e aproveitá-lo para redimensionarmos as nossas ações. A indisciplina pode ser configurada, nestes termos, como uma atitude errônea, cujo momento deve ser transformado em uma oportunidade privilegiada para educar. Fazer o educando refletir sobre os seus atos equivocados é, por si só, um impulso em direção a sua transformação. Ao perceber e compreender os mecanismos pelos quais o estudante foi impulsionado a praticar o ato indisciplinado, o docente aprende a gerenciar as emoções nos momentos de tensão (Cury, 2000).

SER JUSTO

A prática da justiça no processo educacional é uma das condições mais relevantes, embora a sua execução seja uma tarefa muito complicada. Muitas vezes o educador precisa desempenhar o papel de um verdadeiro juiz, como se estivesse num tribunal. Isso implica em sentenciar um e absolver outro. Ou, ainda, em trazer à razão o envolvimento e a participação de cada parte no conflito, para então distribuir de forma equilibrada as penas ou as absolvições. Quando essas questões são resolvidas de forma apressada, arbitrária e parcial, o educador corre o risco de ser injusto em suas conclusões e aplicar corretivos excessivos para uns e brandos demais para outros. Atitudes injustas praticadas por parte do educador prejudicam a sua credibilidade.

Não se deve ter pressa para formular as sentenças finais para as pessoas envolvidas no conflito. O importante é seguir de uma forma criteriosa em busca das informações que vão esclarecer a atuação de cada envolvido. Numa sequência lógica, deve-se seguir os passos de ver, ouvir, analisar, para depois julgar. Muitas vezes, somos apressados e julgamos sem ter averiguado todos os detalhes dos fatos. Julgamos mal e temos que sair reparando as decisões equivocadas. Uma decisão equivocada compromete o trabalho educativo que está em jogo.

Um questionamento pode estar passando na cabeça do leitor neste instante: "Que negócio é esse de julgar, sentenciar, absolver, aplicar corretivos etc.?" Essa não é uma linguagem muito forte para referir-se a uma relação educativa? Como resposta, num primeiro plano, diria que sim. É certo que, no dia a dia, pais e professores não utilizam uma linguagem tão técnica com os educandos. Porém as atitudes educativas possuem, de forma subjetiva, essa natureza peculiar. São repletas de formulações que se assemelham a sentenças, absolvições, condenações etc. Para equacionar, por exemplo, um problema em que houve uma briga entre dois adolescentes, faz-se necessário agir com essa metodologia para definir a participação de cada um dos envolvidos no problema. Nem sempre o que mais apanha é o mais inocente. Muitas vezes, o que mais apanha foi o causador da briga. É óbvio que o outro, ao aceitar a provocação e partir para o revide, também não pode ser absolvido.

O ato de dizer um "sim" ou um "não" necessita ser precedido de uma análise, a fim de encontrar as justificativas que fundamentam essa decisão (Tiba, 1996). É salutar que todo "sim" e todo "não" esteja acompanhado de uma explicação para que o educando possa compreender as razões envolvidas na decisão. Isso não significa querer que o educando goste ou aceite de forma voluntária a decisão do educador. Mas, se ele for a mais justa para o caso, terá que ser mantida. É fato que, quanto mais justo e equilibrado for o educador, mais qualitativo será o resultado para o educando.

A vista do meu ponto: uma deslumbrante forma de ver, pensar e sentir

SER FIRME, JAMAIS GROSSEIRO

A firmeza no ato educativo dá consistência aos limites e cria uma relação sólida entre o educador e o educando. Infeliz do filho e do aluno quando têm pais e professores que não têm atitudes firmes nos momentos necessários. A frouxidão é aparentemente bem-recebida pelos educandos, pois geralmente vem associada a uma frágil prática de limites e uma permissividade exagerada, deixando-os agirem com liberdade. Esse tipo de relação gera, no longo prazo, traços de conduta que alimentam dificuldades relacionais consigo mesmo e com os outros (Tiba, 1996). Não foram moldados os limites necessários para um relacionamento equilibrado.

Porém não devemos confundir firmeza com grosseria. A firmeza, como já dito anteriormente, dá direção, dá substância e solidez à relação educativa. A grosseria é destrutiva, pois peca contra os princípios éticos e o respeito que deve haver entre o educador e o educando. Para se ter uma postura firme não é necessário grande força física, aumentar o volume da voz, dar socos sobre a mesa, fazer cara feia etc. Palavrões, xingamentos e outras práticas pejorativas não são expressões de firmeza. Revelam apenas um desequilíbrio, uma descompostura e um descontrole por parte do educador. A firmeza deve estar revestida de ternura, de serenidade e de paciência para transmitir de maneira clara e objetiva ao educando os propósitos a serem alcançados. Quanto mais firme, justa e dialogada for a relação educativa, maior será o nível de estímulos positivos que, por sua vez, irão propiciar um clima de convivência mais sadio.

A firmeza também favorece a construção da autoridade. A grosseria é um recurso muito utilizado pelos autoritários. Quando faltam os argumentos, utilizam os chavões de travamento e as adjetivações: "Cale a boca", "Quem manda aqui sou eu", "Quem é você para falar assim comigo?", "Sua estúpida", "Seu mal-educado", "Sua ordinária" etc.

Todo ato indisciplinado precisa ser refletido com a pessoa indisciplinada. É uma oportunidade privilegiada que temos para educar. Refletindo sobre a conduta imprópria, consegue-se estabelecer significações importantes sobre a necessidade de haver uma postura mais cooperativa e sadia nas relações de convivência. A omissão ou a falta dessa reflexão significativa emite um sinal que é decodificado pelo educando como sendo um aval para ele continuar a agir de maneira não adequada. Além do educando, a plateia de infantes afins também estabelece essa conclusão. Por aí, dá para perceber o estrago exponencial causado pela omissão dos educadores.

A firmeza pode ser comparada ao braço direito estendido para o horizonte, querendo significar: esta é a direção da nossa caminhada. Vamos alcançar tais e tais pontos. É também a linguagem firme e concreta da razão. Por outro lado, o braço esquerdo, ligado ao afeto e à proteção, toca e ajuda o educando em sua difícil caminhada. Há também quem compare a firmeza com a rapadura: é doce, mas também dura.

Ocorrem momentos em que nós, educadores, somos tomados por ímpetos que podem levar-nos a ter reações destemperadas, furiosas, ou até a sentir vontade de impelir uma agressão descontrolada contra o aluno/ filho impertinente, pois ninguém é de ferro. É o caso quando a razão é sequestrada pela emoção e deixamos nos conduzir pelos sentimentos mais primitivos. Quando isso acontece, precisamos acionar os mecanismos de defesa, antes que seja tarde demais. A estratégia que funciona, desde que seja colocada em prática antes que a desgraça aconteça, é a seguinte: sair do local do conflito e distanciar-se da pessoa litigante. Para onde ir? Quanto tempo ficar afastado? Essas perguntas não têm uma resposta fixa definida. O tempo e o local devem permitir ao educador retomar o seu equilíbrio emocional. Após retomado o equilíbrio, o educador deve voltar à presença do educando e continuar com as providências educativas que se fizerem necessárias. Esse tempo de afastamento também é muito significativo para o educando. Enquanto o educador recompõe-se trancafiado em algum canto, o educando também pode entrar num processo de reflexão e descobrir o quanto as suas atitudes estavam erradas. Quando isso acontece, a recomposição entre os dois fica facilitada, pois passada a tempestade, o Sol poderá voltar a brilhar para os dois. Mas, se por um acaso, tiver sido praticado algum ato de grosseria por parte do educador, a solução é sempre mais difícil. É oportuno lembrar o sábio provérbio chinês que diz: "Se tiveres paciência num momento de raiva, cem dias de pesar evitarás". Nessa mesma linha, remete-nos também o pensamento que expressa: Combater a si mesmo é a mais difícil guerra; triunfar sobre si mesmo é a mais esplêndida vitória.

A vista do meu ponto: uma deslumbrante forma de ver, pensar e sentir

SER TOLERANTE, PORÉM CONSEQUENTE

A tolerância é um atributo essencial para a convivência humana. Sem ela, tornamo-nos rígidos, ríspidos e intragáveis. A convivência requer uma certa dose de renúncia do que "eu" gosto e quero, para uma postura de partilha em que deve prevalecer o que "nós" gostamos e queremos. Porém não podemos cair numa outra radicalização que é a ditadura de um grupo, impondo as suas vontades sobre outros grupos. Fazendo-se uma análise sobre a prática da intolerância pelo ser humano, podemos citar suas várias manifestações, tais como: intolerância religiosa; intolerância política; into-lerância étnica; intolerância ideológica; intolerância socioeconômica etc.

A postura tolerante, embora seja necessária e sadia, requer, todavia, uma limitação com relação ao seu uso excessivo quando ocorre a repe-tição de atos indesejados. Isso significa compreender que devemos ser tolerantes, porém não tolerar tudo e sempre. A partir de um determinado limite, faz-se necessário que sejam estabelecidas algumas consequências em caso de reincidência do ato desregrado. Seria como dizer ao educando o seguinte: "Desta vez, eu perdoo a sua travessura, mas se por acaso isso acontecer novamente, como consequência, você vai ficar sem [Combinar alguma restrição com o educando]".

Quando falamos em consequências, precisamos ter em mente um conjunto de restrições e penalidades possíveis de serem cumpridas. Muitas vezes, os educadores estabelecem consequências absurdas e impossíveis de serem executadas. Exemplo: "Eu mato você", "Eu nunca mais falo como você", "Eu vou trucidar você", "Você está perdido comigo" etc. Essas sentenças destroem completamente a credibilidade do educador. Por elas serem absurdas e impossíveis de serem executadas, o educando começa a estabelecer uma relação de descrença entre o que o educador fala e o que ele precisa realmente fazer. Por essa razão, as consequências precisam estar dentro de uma possibilidade real de execução. Exemplo: "Você vai ficar sem a sobremesa", "Você vai ficar sem ver televisão hoje à noite", "Você não vai passear com os amigos no shopping no domingo", "Você não vai brincar com os colegas durante o recreio" etc.

Fazendo-se um uso sensato e justo entre as tolerâncias e as conse-quências, a relação educativa ganha uma motricidade própria, que favorece a obtenção de uma consciência autônoma por parte do educando, pois ele vai se tornando capaz de estabelecer os seus próprios limites.

SER PERSEVERANTE

A perseverança é uma virtude que precisa ser exercitada pelos educadores. Na educação, não se pode querer resultados imediatos. O processo de construção de um ser humano é lento, longo e continuado. Quando se estabelecem objetivos muito imediatos, normalmente se colhe como resultado a frustração. As atitudes refinadas, assim como também todo o conjunto de comportamentos socialmente desejados, requerem tempo para serem experimentados pelos educandos e, somente depois, interiorizados para fazerem parte do seu modo de agir. Geralmente essa aprendizagem não ocorre por meio da teoria. É na prática cotidiana, a partir dos atritos, conflitos e choques de interesses divergentes, que se lapidam as posturas mais polidas.

A perseverança também é irmã gêmea da paciência. Os educadores necessitam usar de doses astronômicas desse ingrediente chamado paciência para terem sucesso em suas práticas educacionais. Muitas vezes, percebe-se pais e professores que não aceitam a lentidão e modo errante com que agem os filhos/alunos. Querem tudo rápido e perfeito. Que bom seria se isso fosse possível! Que bom seria se nós, adultos, fôssemos capazes de fazer todas as coisas de forma rápida e sem erros! Mesmo que isso nos fosse possível, não teríamos o direito de cobrar esses atributos dos jovens aprendizes. Isso por uma razão muito simples: ainda são aprendizes!

A repetição é um aspecto que deve prevalecer na relação educativa. Quantas vezes devemos repetir algo para os educandos? Quantas vezes forem necessárias. Quanto mais repetitivo, mais consistente fica o resultado. Um casal de namorados apaixonados não se cansa de repetir um para o outro: "eu te amo", "eu te amo", "eu te amo". A repetição, portanto, é a linguagem do amor. Um aprendizado eficaz requer coerência, constância e consequência.

NÃO IMPOR, MAS COMPOR

A relação educativa não é sadia quando é imposta de forma unilateral ou pelas vias autoritárias. O estilo autoritário, coercitivo e impositivo cria uma relação de obediência que traz como resultados aquelas característi-cas já comentadas anteriormente quando tratávamos do estilo educacional autoritário. Se por um lado temos alunos/filhos obedientes, por outro, vamos ter pessoas com pouca capacidade de iniciativa e, o que é pior, com as regras morais pouco interiorizadas. Esse estilo não é o que deve-mos desejar se a proposta de educação da família ou da escola estiver objetivada para uma educação integral, libertadora e capaz de formar pessoas de ação autônoma.

A composição é uma estratégia educacional indicada para possibilitar que o educando desenvolva as potencialidades de partilha e solidariedade. À medida que as opções lhe são colocadas de forma clara e objetiva, à medida que ele participa da formulação de hipóteses e possibilidades de solução dos problemas cotidianos, ele tende a se sentir corresponsável pela decisão final.

Como exemplo de composição, segue o relato de um caso que tive a oportunidade de conhecer: um menino de 7 anos fez uma "arte" que consistiu em quebrar o vidro do carro da família, com um estilingue. Como consequência, o próprio filho, autor da façanha, impôs-se uma penalidade: ficar sem comer os lanches do McDonald's até o final do ano. A proposta foi aceita pelo pai e assim ia-se cumprindo a sentença. Acontece que, pas-sados uns três meses e ainda faltando dois meses para terminar a restrição, o menino foi convidado por um amiguinho da escola para a sua festa de aniversário, que seria comemorada no McDonald's. Ao comunicar ao pai que tinha recebido o convite, o próprio filho já foi emendando: "É uma pena que eu não vou poder ir à festa, né, pai, porque eu não posso comer o lanche do McDonald's". O pai, comovido com a sinceridade do filho, inicialmente, concordou com ele, porém abriu a possibilidade para uma nova composição. Perguntou ao filho se ele gostaria de ir à festa. A resposta foi afirmativa. O pai pediu então ao filho para ele apresentar três propostas de restrições para que uma delas fosse eleita para liberá-lo da penalidade anterior e possibilitá-lo ir à festinha do amigo. As propostas apresentadas pelo filho foram: 1) Ficar até o final do mês sem brincar com os amiguinhos do prédio; 2) Ficar até o final do mês sem comer "porcarias"; 3) Ficar uma semana sem tagarelar muito em casa (ele era muito falante e, às vezes, era censurado por isso). A solução encontrada pelo pai e com o aval do filho foi cumprir a penalidade n° 2. O que era uma restrição saudável, já que as "porcarias" — balas, chocolates e outras guloseimas — prejudicam a saúde. Dessa forma, o filho foi à festa do amiguinho, feliz da vida, e saciou o seu desejo de comer o lanche do McDonald's.

Esse exemplo parece ilustrar bem as possibilidades de usar a composição como estratégia para se colocar restrições, limites e consequências ante as travessuras dos filhos/alunos.

SER AFETIVO E AMAR

O afeto é a linguagem que vem do coração. Não há como fazer frutificar uma relação entre duas pessoas sem o uso desse ingrediente, que pode ser comparado ao tempero que dá o sabor ao relacionamento. Ser afetivo é doar-se por inteiro e alimentar com acolhimento, aceitação incondicional, empatia e solidariedade a pessoa humana que há em cada ser. A ação educadora deve ser dirigida contra as atitudes inadequadas da pessoa e não contra a pessoa em si. É uma tarefa não muito fácil de ser praticada. Porém é imprescindível para fazer prosperar uma relação educativa eficaz.

Quando falamos em amar, faz-se necessário inicialmente distinguir de que amor estamos falando. O amor pode ser dividido em duas categorias. Há o amor que tem a sua origem vinculada ao afeto e ao sentimento e faz surgir as paixões. Esse tipo de amor leva as pessoas a desenvolverem a sensação do gostar. Gosto é algo muito íntimo em cada indivíduo e é praticamente impossível de ser colocado de fora para dentro nas pessoas. Gostamos ou não gostamos de algo ou de alguém e não há possibilidades de obrigar alguém a gostar de alguém. O máximo que podemos fazer é produzir estímulos para que o gosto se desenvolva dentro da pessoa. Porém não podemos obrigá-la a gostar. Por essa razão, não é muito correta a atitude de alguns educadores quando se dirigem aos filhos/alunos e dizem: "Você tem que gostar do seu colega!", "Precisa gostar da professora!". A atitude correta é ensinar que, mesmo que não goste do colega ou da professora, é obrigado a respeitá-los. O respeito é um atributo que tem como origem a razão e não a emoção. Por isso, ele pode e deve ser exigido nas relações sociais.

Há, porém, um outro tipo de amor que não tem a sua origem centrada na emoção. Por essa razão, esse tipo de amor não é sentimento. Ele funda-se em bases racionais. Segundo o que nos ensina a psicologia moderna, esse amor é uma decisão racional, consciente e voluntária de uma pessoa querer o bem de outra pessoa e trabalhar em prol dessa causa. A partir desse conceito, fica compreensível a atitude das pessoas que estabelecem como objetivo de vida trabalhar de forma incessante em benefício dos desvalidos, por exemplo. Elas elegeram como objetivo de vida dedicar-se à produção do bem para os outros.

O amor pregado pelo Mestre dos Mestres — Jesus Cristo — tem como fundamento esse tipo de amor: Fazer o bem em prol do ser humano de maneira incondicional. Na relação educativa, devemos, portanto, usar o amor de querer o bem dos educandos. Trabalhar incessantemente para que o filho/aluno possa crescer e se desenvolver para o bem. O alvo da nossa perplexidade e indignação deve centrar-se tão somente nas atitudes desregradas do educando. Às vezes, somos levados, equivocadamente, a condenar a pessoa por inteiro, ao invés de condenar somente a atitude indisciplinada. Não há pessoas más, não há pessoas que não valem nada, como costumeiramente ouvimos por aí. O que há, isto sim, são pessoas que têm atitudes más ou que não valem nada. Mesmo assim, esse julgamento ainda está carregado de um juízo moral que é, muitas vezes, a expressão de uma visão única influenciada pelas circunstâncias.

Quando começamos a olhar a realidade com outras lentes, é possível enxergá-la com múltiplas formas, cores, detalhes e matizes que antes estavam ofuscados pela *cegueira conceitual*. Um exemplo disso pode ser colhido no cotidiano da escola no que se refere ao recreio. Não são raros os educadores que olham para o momento do recreio e desenvolvem uma espécie de torpor interior, pois o barulho, a correria, a gritaria, os agitos, os conflitos e atritos lhe incomodam. Todos esses aspectos têm presença garantida, creio, nos recreios de todas as escolas. A nosso ver, seria preocupante se isso não acontecesse. Essas demonstrações fazem parte da natureza dos ávidos infantes, e toda essa movimentação é muito sadia e educativa, basta que a escola aproveite o momento do recreio para fazer as mediações necessárias.

CONCLUSÃO

Chegamos ao final desta reflexão. Espero que o(a) leitor(a) tenha tido a possibilidade de reconstruir paradigmas ou ratificar modos de ação que já vinha tendo. A grande descoberta ao longo de mais de duas décadas como educador é que trabalhar na educação é uma atividade muito prazerosa, desafiadora e gratificante. Prazerosa, porque permite estar em contato permanente com outras pessoas. Desafiadora, porque cada pessoa e cada momento têm a sua singularidade. Não há modelos que podem ser utilizados indistintamente. Gratificante, porque torna possível interagir com a mais fantástica e maravilhosa engenhoca existente: o cérebro humano. O educador que consegue ser significativo para o educando está ajudando a construir e a desenvolver as suas potencialidades. Isso me parece, simplesmente, fantástico!

Quais são os mecanismos e estratégias possíveis para enfrentar o problema da indisciplina? Numa primeira resposta e de forma bem abrangente, diríamos que este é um dos desafios da educação. Quais os caminhos possíveis de serem trilhados para minimizar os conflitos e perturbações no contexto escolar?

Aí reside o campo de prova dos diversos métodos recomendados pelas Ciências da Educação.

A disciplina precisa ser adquirida e aprendida, haja vista o ser humano não nascer com ela. É o exercício da convivência que constitui o grande laboratório onde são moldadas as posturas mais refinadas na relação com o outro, seja no campo cognitivo, psicológico, emocional ou afetivo.

Com essa mudança de paradigma, os educadores precisam refazer as suas estratégias de interação com os filhos/alunos. Os objetivos da prática pedagógica precisam contemplar estratégias que atendam todo o espectro de carências do aluno, tais como: carência de conhecimentos, carências afetivas, carências emocionais, carências psicológicas, entre outras. O conjunto de dificuldades dos alunos é muito amplo. Os alunos têm dificuldade de aprender, dificuldade de conviver, dificuldade de administrar as emoções, dificuldade de administrar perdas e contrariedades etc.

Tudo isso implica em enxergar o aluno/filho como um ser em formação, em construção, ainda imperfeito, ao qual não poderá ser negado o direito de errar. A regra de ouro nos ensina que jamais devemos nos render ante o erro ou o insucesso do filho ou aluno. A indisciplina cria uma oportunidade privilegiada para fazer florescer a educação. O educador não deve ver o aluno/filho como um adversário. Um oponente! Um rival! Ambos devem ser parceiros em um jogo no qual os adversários são a ignorância e as posturas pouco refinadas (Aquino, 1996). Diante de cada manifestação de atos inadequados, o educador deverá agir no sentido de restabelecer o equilíbrio das relações pactuadas. O diálogo deve ser o instrumento principal para mediar os conflitos, atritos e perturbações. A tolerância consequente é um recurso que produz bons resultados na solução de atos indisciplinados, pois cria um vínculo de cumplicidade entre o educador e o educando.

A perseverança e a firmeza de propósitos terão que nortear a ação até que os objetivos sejam alcançados. Trata-se de uma luta diuturna do certo contra o errado, cujo resultado final necessita manifestar a prevalência do primeiro.

Para esse trabalho dar certo e surtir os efeitos desejados, necessita do engajamento da família e da escola. A escola terá um grande êxito na diminuição dos atos de indisciplina, se houver o envolvimento e a participação de toda a comunidade escolar (mantenedora, direção, professores, funcionários, pais e alunos). Todas as relações que envolvem a comunidade escolar devem ser mediadas por princípios democráticos. Somente por meio da legitimação da comunidade escolar, seremos democráticos e conseguiremos estabelecer uma convivência eticamente ajustada capaz de produzir frutos também eticamente ajustados. Podemos invocar, nessa ação, o princípio que diz: o todo é sempre maior do que a parte! Disso decorre compreender que, quando o todo (comunidade escolar) estabelece e/ou legitima o código de conduta, nenhuma parte deverá se sentir maior ou mais forte para invocar a desobrigação de cumpri-lo. Da noção exata dos limites e da administração justa, equilibrada, pronta e imparcial das normas, é que nasce a consciência dos valores éticos e morais.

Cabe, ainda, antes de concluir, a menção de que o primordial nessa ralação é a postura equilibrada e justa do educador. Em todos os momentos, o educador deve buscar agir com serenidade, tranquilidade, amor, sem ódio, sem gritos, sem rancor, sem agressividade, sem ofensas, a fim de que o educando possa aprender a respeitá-lo e confiar no apurado senso de justiça, lealdade e honestidade de seu mestre. É o educador visto como autoridade e possuidor de uma reserva moral, cuja fonte inesgotável irá saciar a sede de educação dos alunos.

Desta feita, percebe-se que a educação se constitui num processo que, numa crescente e cumulativa evolução, vai formando e construindo consciências acerca do universo complexo em que o ser humano se encontra inserido e com o qual necessita interagir. Esse longo e penoso caminho constitui-se, por excelência, a via pela qual alcançamos a humanidade, cujo ápice se efetiva quando somos capazes de reconhecer a alteridade. Ver no outro um outro eu é a mais alta manifestação de consciência humana. Essa deve ser uma das utopias do educador. E, para terminar, devemos compreender que o processo educativo é semelhante à água e à rocha. A água transforma a rocha. A rocha ganha novas formas e a água mais substâncias.

REFERÊNCIAS

AQUINO, J. G. **Indisciplina na escola**: alternativas teóricas e práticas. 7. ed. São Paulo: Summus Editorial, 1996.

BRASIL. [Constituição (1988)]. **Constituição da República Federativa do Brasil**. Brasília, DF, 1988.

CURY, A. **A Pior Prisão Mundo** — Superando o Cárcere da Emoção. 7. ed. [S. l.]: Academia de Inteligência, 2000.

GIKOVATE, F. **A Arte de Educar**. Curitiba: Positivo, 2001.

HOUEL, A.; GODEFROY, C. **Como Lidar com Pessoas Difíceis** - Guia Prático para Melhorar seus Relacionamentos. São Paulo: Madras, 1999.

MIRANDA, M. L. **Quem tem medo de escutar** — Guia da Sabedoria. Ceap, 2002.

PARREIRA, V. L. C.; MARTURANO, E. M. **Como ajudar seu filho na escola**. 2. ed. São Paulo: Editora Ave Maria, 1999.

REVISTA DE EDUCAÇÃO DA AEC, n. 103, abr./jun. 1997.

SOUZA, P. N. P.; SILVA, E. B. **Como Entender e Aplicar a Nova LDB**. São Paulo: Pioneira Educação, 1997.

TIBA, I. **Disciplina** – Limite na medida certa. 32. ed. São Paulo: Editora Gente, 1996.

ZAGURY, T. **Limites sem traumas**. 10. ed. Rio de Janeiro: Record, 1997.

O essencial

Se queres paz, amor e alegria
Terás que semear e cultivar
Sementes que germinem todo dia
No campo, na cidade e no lar.

Comece já bem cedo à luz da aurora
Moldando a personalidade
Pra quando na hora de ir embora
Deixares rastros de fraternidade.

E assim, viver não foi em vão
Há rosas pelo chão
Exalando o teu perfume.

Viver centrado no ser
Muito menos no ter
Eis aí tua missão!
Eis aí o essencial!
Modelar o coração
Muito amor no coração.
Coração!

Jogo de kraits solo: solo de paus

MANUAL

1 - ORIGEM E OBJETIVO

O Kraits Solo é um jogo de baralho que veio na bagagem cultural dos imigrantes alemães que se instalaram no Brasil no século XIX. Atualmente o jogo faz parte das reuniões familiares e recreação entre amigos em diversas localidades do município de Águas Mornas, em Santa Catarina.

Ser um jogo muito dinâmico e divertido, exigindo uma boa dose de raciocínio e estratégia para obter sucesso nas suas diversas modalidades, faz dele um excelente passatempo.

O objetivo de elaborar este manual é deixar um registro sobre o Kraits Solo e servir de fonte de consulta para que as novas gerações possam aprender o jogo, mantendo viva uma tradição dos nossos antepassados.

2 - BARALHO (Cartas)

São utilizadas 32 cartas, sendo 8 cartas de cada naipe (copas, ouros, espadas e paus) a partir da carta 7 até o Ás (7, 8, 9, 10, Valete, Dama, Rei e Ás). Há também a versão simplificada do jogo, na qual se utiliza apenas 20 cartas. Na versão simplificada, são retiradas as cartas 8, 9 e 10.

3 - NÚMERO DE JODADORES

São necessários quatro jogadores. É possível jogar também com três jogadores, porém o jogo perde um pouco do seu encanto, pois o emparceiramento faz com que um jogador tenha que jogar com o *pock* (bode), fazendo com que esse jogador fique numa situação desvantajosa.

4 - HIERARQUIA DAS CARTAS

A carta maior mata a carta menor. Exemplos: a carta 9 mata a carta 8; a carta 10 mata a carta 9; o Ás mata o Rei, e assim por diante, exceto as cartas especiais. A hierarquia geral das cartas é a seguinte:

1ª — Dama de paus

2ª — 7 de paus

3ª — Dama de espadas

4ª — Ás

5ª — Rei

6ª — Dama

7ª — Valete

8ª — Carta n° 10

9ª — Carta n° 9

10ª — Carta n° 8

11ª — Carta n° 7

5 - CARTAS ESPECIAIS

Dama de paus — É a maior carta do jogo. Mata todas as demais e nunca perde o seu status e hierarquia (é chamada de *mensch*).

7 de paus — É a segunda maior carta do jogo (chamada de *spitz*).

Dama de espadas — É a terceira maior carta do jogo e nunca perde o seu status e hierarquia (chamada de *pló*).

- As duas Damas pretas (paus e espadas) recebem o nome de *medcha* (meninas).

- Com elas juntas, pode-se anunciar o *queviz* (mostrado) e/ou alterar o naipe do trunfo para anunciar um Solo ou um Du do naipe de copas, ouros ou espadas, dependendo da quantidade de cartas desses naipes na mão. Nesse caso, o 7 de paus passa a ser uma carta comum e a carta 7 do naipe anunciado passa a ser o *spitz*.

- O *queviz* (mostrado) faz com que o valor base do jogo passe a valer o dobro (não é obrigatório anunciar o *queviz*).

6 - TRUNFOS

— As três cartas especiais e todas as demais cartas do naipe de paus são trunfos. Daí vem o nome do jogo: "Solo de paus".

— Há um total de 9 cartas trunfos na seguinte hierarquia: Dama de paus, 7 de paus, Dama de espadas, Ás de paus, Rei de paus, Valete de paus, 10 de paus, 9 de paus e 8 de paus.

— Os trunfos matam todas as demais cartas dos naipes de ouros, copas e espadas.

— Caso seja anunciado o Du ou o Solo de copas, ouros ou espadas, os trunfos passam a ser as cartas do naipe anunciado.

— O *mensch* e o *spitz* são chamados de trunfos grandes.

— A partir da Dama de espadas (*pló*) para baixo, os trunfos são chamados de pequenos.

7 - O JOGO

7.1 - Distribuição das cartas

— Primeiro, define-se quem vai começar dando as cartas.

— O jogador que dará as cartas faz o embaralhamento e coloca o maço para que o jogador sentado a sua esquerda faça a validação do embaralhamento.

— A validação do embaralhamento pode ser de duas formas: 1) Dividir o monte de cartas em dois ou três montinhos; 2) Colocar a mão sobre o maço de cartas sem dividi-lo.

— O jogador que dará as cartas recolhe os montinhos e distribui 8 cartas para cada jogador da seguinte forma: começando pelo jogador sentado a sua direita, retira 4 cartas da parte de cima do maço e as coloca na frente do jogador. Depois, segue distribuindo as cartas, de 4 em 4, aos demais jogadores, no sentido anti-horário, inclusive para ele próprio, até que todos tenham recebido 8 cartas.

— Quando o validador do embaralhamento não dividir o maço de cartas, apenas tocando o masso com a mão, as cartas serão dadas de 8 em 8 para cada jogador, começando com o jogador da direita.

— Caso ocorra algum equívoco na distribuição das cartas, que resulte na distribuição em número desigual de cartas aos jogadores, recolhe-se todas as cartas e começa-se o procedimento a partir do embaralhamento.

— Nas rodadas seguintes, as cartas serão distribuídas pelo jogador sentado à direita (*foa hand*) de quem distribuiu as cartas na rodada anterior.

7.2 - Possibilidades de jogos

— Os jogadores, de posse de suas cartas, irão analisar as possibilidades de jogo e anunciar o que pretendem fazer. O primeiro jogador a se manifestar será o que recebeu as cartas por primeiro (*foa hand*). Em seguida, o segundo, o terceiro, e, por último, o jogador que deu as cartas.

— Caso o jogador não tenha recebido cartas que o possibilitam anunciar um jogo, conforme vamos ver a seguir, ele diz "Nada" (*nicks*).

— Caso o jogador tenha em mãos trunfos e outras cartas boas, poderá anunciar as seguintes modalidades de jogos:

7.2.1 DU

— Ao anunciar o Du, o jogador está dizendo que fará as 8 vazas (*stisha*) sozinho. Ou seja: caso os outros jogadores tenham feito uma vaza (*stich*), o Du está perdido.

— O Du pode ser de paus, copas, ouros e espadas. Para anunciar o Du de copas, ouros e espadas, o jogador OBRIGATORIAMENTE precisa ter em mão as duas Damas pretas (meninas) (*medcha*).

— Para anunciar o Du, o jogador dirá: "Du de Paus" (copas, ouros ou espadas se o Du for desses naipes).

— Se o jogador desejar anunciar o *queviz* dirá: "Du de Paus Queviz". Observação: o Du de paus é o único Du em que se pode anunciar o *queviz*. Nos Du de copas, ouros e espadas não se anuncia o *queviz*, pois ter as Damas pretas em mãos é uma condição obrigatória para poder anunciá-lo.

7.2.2 SOLO

– Ao anunciar o Solo, o jogador está dizendo que fará 5 vazas (*stisha*) sozinho. Ou seja: caso os outros jogadores tenham feito 4 vazas (*stisha*), o Solo está perdido.

– O Solo pode ser de paus, copas, ouros e espadas.

– O Solo de copas, ouros e espadas somente pode ser anunciado se o jogador tiver em mãos as duas Damas pretas (meninas) (*medcha*).

– Para anunciar o Solo, o jogador dirá: "Solo de Paus" (copas, ouros ou espadas se o Solo for desses naipes).

– Se o jogador desejar anunciar o *queviz*, dirá: "Solo de Paus Queviz". Observação: o Solo de paus é o único Solo em que se pode anunciar o *queviz*. Nos Solos de copas, ouros e espadas não se anuncia o *quevis*, pois ter as Damas pretas em mãos é uma condição obrigatória para poder anunciá-lo.

7.2.3 PERGUNTAS (*fróh*)

– Para fazer uma pergunta, o jogador precisa ter nas mãos, no mínimo, os seguintes trunfos:

1ª Condição: Dama de paus (*mensch*) mais dois outros trunfos (Total de 3 trunfos).

2ª Condição: 7 de paus (*spitz*) mais dois outros trunfos (Total de 3 trunfos).

3ª Condição: 4 trunfos pequenos.

– O primeiro jogador que preencher uma das três condições apresentadas irá falar: "Uma Vez" (*ain mól*).

– Caso um segundo jogador preencha uma das três condições, dirá: "Duas Vezes" (*tzvai mól*).

– Caso nenhum dos jogadores tenha uma Pergunta, inicia-se uma nova sequência de falas, começando com o jogador que recebeu as cartas por primeiro (*foa hand*). Em seguida, o segundo, o terceiro, e, por último, o jogador que deu as cartas.

— O critério agora para anunciar um *ain mól* ou um *tzvai mól* é ter em mãos 3 trunfos pequenos.

— O jogador que não tiver 3 trunfos pequenos dirá "Nada" (*nicks*).

— Na sequência, o jogador do *ain mól* ou do *tzvai mól* chama uma carta e dá-se prosseguimento ao jogo, devendo o mandante e o seu parceiro fazer 5 vazas para ganhar a rodada.

7.3 - Como definir o parceiro (Homem)

— No caso das perguntas, o jogador precisa se aliar com um Parceiro (Homem) para ajudá-lo a fazer as 5 vazas.

— Quando só tem uma pergunta (*ain mól*), o jogador deverá chamar uma carta e ele será o mandante da rodada. O jogador que estiver com a carta chamada na mão será o seu parceiro para ajudá-lo a fazer as 5 vazas.

— Quando há duas perguntas, o jogador do *tzvai mól* deverá chamar a carta para definir o seu parceiro e o *tzvai mól* passa a ser o mandante da rodada juntamente com o jogador que estiver com a carta chamada.

7.4 - Como anunciar o MOSTRADO (*queviz*)

— Caso o jogador que tiver em mãos as duas Damas pretas (*medcha*) queira anunciá-las, deverá fazê-lo antes que tenha sido anunciada a carta chamada pelo mandante da rodada. O jogador dirá: "queviz".

— Em caso de SOLO, deverá anunciá-lo antes que tenha sido iniciada a 1ª vaza.

— Não é obrigatório anunciar o *queviz*.

7.5 - Regras para chamar o parceiro (Homem)

— O jogador, obrigatoriamente, precisa ter em mãos, no mínimo, uma carta do mesmo naipe da carta chamada. Exemplo: Se chamar o Ás de copas, precisa ter em mãos uma carta no naipe de copas.

— Quando o jogador estiver de posse do(s) Ás(es) do naipe, a carta a ser chamada será uma carta diferente do Ás. Nesse caso, ele chamará o Rei. Caso tenha em mãos o Ás e o Rei, chamará a Dama, e assim por diante.

— A menor carta possível de ser chamada é a carta 9. Para chamá-la, o jogador teria em mãos os 3 trunfos e mais 5 cartas do mesmo naipe, sendo elas: Ás, Rei, Dama, Valete e 10 (situação muita rara de acontecer, porém possível).

— A carta mais comum de ser chamada é o Ás. Por isso, costuma-se dizer: "chamar o ás", porém há situações em que é preciso chamar outras cartas, conforme já foi explicado anteriormente.

— O jogador que tem em mãos a carta chamada **não pode falar ou fazer sinais** que demonstrem que ele é o parceiro. Isso será revelado no decorrer do jogo, conforme veremos a seguir.

7.6 - Regras das Vazas

7.6.1 Início da 1ª vaza:

— O jogador que recebeu as cartas por primeiro é chamado de "Mão" (*foa hand*) e é ele quem joga a primeira carta.

7.6.2 Acompanhar o Naipe

— Obrigatoriamente os jogadores precisam acompanhar o naipe da primeira carta que inicia a vaza. Caso o jogador não tenha o naipe da primeira carta jogada, ele pode optar em jogar trunfo ou uma carta de qualquer outro naipe. Observação: quando um jogador intencionalmente e de forma repetida jogar trunfo, tendo em mãos alguma carta do naipe que iniciou a vaza, está sendo desonesto. O jogador que costuma adotar essa atitude para tirar vantagem acaba sendo expulso da mesa, pois a honestidade e confiança são essenciais para o bom desenvolvimento do jogo.

— Ganha a vaza o jogador que tiver colocado na mesa a maior carta do naipe que iniciou a vaza, exceto quando se tratar da carta chamada ou quando for jogado trunfo.

— Caso apareçam trunfos, o jogador que tiver colocado na mesa o maior trunfo ganha a vaza.

— O jogador que ganha a vaza começa a vaza seguinte, jogando uma carta.

— Quando aparecer na mesa, pela primeira vez, o naipe da carta chamada, Obrigatoriamente o jogador que estiver com essa carta, deverá jogá-la.

— Caso não seja jogado trunfo, a carta chamada faz a vaza, independentemente da sua hierarquia. Nesse momento, revela-se quem são os parceiros e quem são os adversários.

8 - QUEM GANHA A RODADA

8.1 - DU

— O jogador que anuncia o Du tem que fazer as 8 vazas sozinho para ganhar o Du.

8.2 - SOLO

— O jogador que anuncia o Solo tem que fazer 5 vazas sozinho para ganhar o Solo.

8.3 - PERGUNTAS

— O mandante e o parceiro, juntos, precisam fazer 5 vazas para ganharem a rodada.

9 - PASSAR (dórisch *spila*)

Nas modalidades de jogos do Solo e Perguntas, pode ocorrer de o(s) mandante(s) optar(em) por fazer as 8 vazas, ocorrendo assim o PASSAR (dórisch *spila*). Lembrando que nessas duas modalidades de jogo bastam 5 vazas para ganhar a rodada.

9.1 - Regras para o PASSAR (dórisch *spila*)

9.1.1 Modalidade de jogo SOLO

— Caso o mandante do solo faça as 5 primeiras vazas de forma consecutiva, ele deve parar o jogo e não abrir a 6ª vaza. Caso ele abra a 6ª vaza, isso significa que ele está Passando (dórisch *spila*).

— Caso o jogador decida pelo *dórisch spila*, obrigatoriamente terá que fazer outras 3 vazas para ganhar o solo.

— Se os jogadores adversários tiverem vencido uma das 5 primeiras vazas, não ocorre o *dórisch spila*.

9.1.2 Modalidade PERGUNTAS (*fróh*)

As condições são idênticas às da modalidade do solo, com as seguintes particularidades:

— O jogador mandante ou o parceiro que fizer a 5ª vaza consecutiva, vai decidir se abre a 6ª vaza ou não. Essa decisão deve ser tomada somente pelo jogador que fez a 5ª vaza, não podendo consultar o seu parceiro.

— Caso o mandante do jogo tenha feito as 5 primeiras vazas de forma consecutiva e ainda não tenha jogado o naipe da carta chamada para conhecer o seu parceiro, ele será obrigado a Passar (*dórisch spila*), pois obrigatoriamente o seu parceiro precisa ser revelado por meio de uma vaza.

10 - VERSÃO SIMPLIFICADA DO KRAITS SOLO

— O Kraits Solo também pode ser jogado com 20 cartas ao invés de 32. Nessa modalidade, retira-se do baralho as cartas de número 8, 9 e 10. Cada jogador recebe 5 cartas ao invés de 8.

— Para ganhar o Solo ou uma Pergunta, basta fazer 3 vazas.

— Para anunciar uma Pergunta, o jogador precisa ter em mãos:

1. Dama de paus (*mensch*) mais um trunfo;

2. 7 de paus (*spitz*) mais um trunfo;

3. 3 trunfos pequenos.

As demais regras são iguais às da modalidade completa jogada com 32 cartas.

11 — VALOR-BASE DAS RODADAS

— Antes de iniciar o jogo, os jogadores definem qual será o valor-base de cada rodada. Antigamente o VALOR-BASE era cotado em dinheiro, que poderia ser R$ 0,50 ou R$ 1,00, conforme a disposição dos jogadores. Atualmente costuma-se definir o valor-base por meio de um grão de milho ou feijão. Ou seja, o valor-base passa a ser um grão, pois o objetivo do jogo é a diversão e não ganhar dinheiro.

— Tomando-se o grão como valor-base, as rodadas passam a ter os seguintes valores, dependendo da modalidade de jogo:

— Pergunta sem *queviz* = 1 grão;

— Pergunta com *queviz* = 2 grãos;

— Solo de paus sem *queviz* = 1 grão;

— Solo de paus com *queviz* = 2 grãos;

— Solo de copas, ouros e espadas = 1 grão;

— O pagamento é sempre em dobro no caso de *dórisch spila*;

— Du de copas, ouros e espadas = 3 grãos;

— Du de paus sem *queviz* = 4 grãos;

— Du de paus com *queviz* = 8 grãos.

12 – PAGAMENTO DAS RODADAS

12.1 - Modalidade de DU ou SOLO

— Os 3 jogadores perdedores pagam o valor correspondente para o vencedor.

— Caso o mandante venha a perder o Du ou o Solo, ele pagará o valor correspondente para cada um dos outros 3 jogadores.

12.2 - Modalidade PERGUNTA

— A dupla perdedora paga o valor correspondente para a dupla vencedora, que irá dividir o valor em partes iguais para cada um.

13 – QUEM GANHA O JOGO

— Embora haja o emparceiramento na modalidade Pergunta, o Kraits Solo é um jogo em que a contabilidade dos ganhos ou perdas é feita de forma individual. No final do jogo, cada jogador fará o balanço para ver se ganhou ou perdeu. Pode ocorrer que um único jogador saia perdendo e os outros três ganhando. Assim como três jogadores podem sair perdendo e apenas um ganhando.

— Para facilitar a contabilidade no final do jogo, caso o valor-base seja 1 grão, sugere-se que cada jogador comece o jogo com 20 grãos. Ao final do jogo, quem estiver com menos de 20 grãos é perdedor, e quem estiver com mais de 20 grãos é ganhador.

— Caso um jogador vá a falência, ou seja, tenha perdido mais de 20 grãos, ele fará um empréstimo de grãos com um jogador que esteja ganhando. Esse empréstimo poderá ser pago (devolver os grãos) durante ou no final do jogo.

14 – CONSIDERAÇÕES FINAIS

— Embora o jogo pareça complexo, o seu aprendizado é bem simples.

— Como todo jogo, precisa-se jogar para aprender.

— O jogo está entrando no gosto das novas gerações e o número de adeptos está aumentado.

— O desejo é que este Manual sirva de estímulo e fonte de consulta para aqueles(as) que queiram entrar no mundo fascinante do **Kraits Solo**.

GLOSSÁRIO

BODE (*pock*): Quando se joga com apenas 3 jogadores, as cartas são distribuídas da mesma forma como se houvesse 4 jogadores. As cartas referentes ao jogador imaginário ficam deitadas na mesa e não serão manuseadas durante a rodada. Essas cartas são chamadas de *pock* (Bode).

JOGO: É o ato de jogar. Os jogadores que se reúnem para jogar Kraits Solo.

MANDANTE DA RODADA: É o jogador que anunciou um Du, Solo ou chamou a carta para definir o parceiro no caso da Pergunta.

MÃO (*foa hand*): É o jogador que recebeu as cartas primeiro, foi o primeiro a falar e joga a primeira carta na 1ª vaza. A partir da 2ª vaza, o *foa hand* passa a ser o jogador que fez a vaza anterior.

MENINAS (*medcha*): As Damas de paus (*mensch*) e espadas (*pló*). São as duas únicas cartas que nunca perdem o seu status e hierarquia. Todas as demais cartas são passíveis de mudar os seu status ou hierarquia original.

MOSTRADO (*queviz*): Quando um jogador tem duas Damas pretas (*médcha*) e as anuncia.

PARCEIRO (Homem): Tradicionalmente costumava-se referir ao parceiro simplesmente com a expressão "Homem". Isso porque era um jogo essencialmente masculino.

PASSAR (*d*órisch *spila*): Fazer as 8 vazas (*stisha*) nas modalidades de Solo ou Pergunta.

RODADA: Um jogo de Kraits Solo é formado por um número ilimitado de rodadas. Enquanto os jogadores quiserem jogar, vão se sucedendo as rodadas.

SPITZ: Originalmente é a carta 7 de paus. Quando ocorre a alteração do trunfo, o *spitz* passa a ser a carta 7 do naipe anunciado pelo mandante da rodada.

VAZA (*stish*): Uma rodada tem 8 vazas. Ou 5 vazas na versão simplificada do jogo.

NOTAS

(1) As palavras em alemão, neste Manual, foram escritas o mais próximo possível da pronúncia de como eram faladas pelos imigrantes, tendo como referência o dialeto Hunsrückisch.

(2) Este manual contou com a revisão de João Prim, filho de Norberto Prim e Maria Brick Prim. Nasceu na Estrada Geral do Loeffelscheidt, localidade de Santa Isabel, município de Águas Mornas (SC).

(3) Esta estratégia de fazer PERGUNTA (*fróh*) com 3 trunfos pequenos é uma modificação da versão original do jogo. Na versão original, quando não havia PERGUNTA, fazia-se MESA, ou seja, todos os jogadores depositavam no centro da mesa o VALOR-BASE. A MESA somente poderia ser sacada pelo jogador que ganhasse um SOLO ou um DU de paus. Se caso viesse a perder o SOLO ou o DU de paus, teria que depositar na MESA o valor total nela existente.

O gato no mato

O gato no mato é fato
O fato do gato no mato é rato
O gato no mato mata o rato e mata a fome do gato no mato
Se o gato no mato não mata o rato a fome mata no mato o gato.

Um pingo de pinga

Um pingo de pinga, pinga no Ingo no bingo
O Ingo se vinga e pinga o pingo de pinga na pia
A pia pinga o pingo de pinga
O Ingo se vinga do pingo de pinga e bingo!

Quem sou eu?

Sou cabelo? Não;
Sou nariz? Não;
Sou boca? Não;
Sou queixo? Não;
Sou cérebro? Não;
Sou orelha? Não;
Sou olho? Não;
Sou pescoço? Não;
Sou ombro? Não;
Sou braço? Não;
Sou cotovelo? Não;
Sou mão? Não;
Sou dedo? Não;
Sou unha? Não;
Sou tronco? Não;
Sou coração? Não;

Sou pulmão? Não;
Sou estômago? Não;
Sou intestino? Não;
Sou rim? Não;
Sou pâncreas? Não;
Sou bexiga? Não
Sou quadril? Não;
Sou coxa? Não;
Sou joelho? Não;
Sou canela? Não;
Sou tornozelo? Não;
Sou calcanhar? Não;
Sou pé? Não;
Sou sangue? Não;
Sou nervos? Não;
Sou células? Não.

Quem sou eu então?

A soma de todas essas coisas??? Não. Isso é apenas o meu corpo.

Quem sou eu então?

Eu sou o sopro de energia que faz movimentar todos esses órgãos e lhes dá vida. Eu sou alma. Eu sou o espírito que anima a matéria. Eu sou criatura única, original, imortal e irrepetível, plasmada e configurada por vontade de Deus. É isso que eu sou.

Feliz aniversário: data querida? Depende

A comemoração do aniversário é uma prática recorrente pelo mundo afora, com uma variedade de ritos peculiares e originários da cultura e tradição de cada povo. Embora existam múltiplas formas de festejar a data de aniversário, invariavelmente, a finalidade é homenagear, presentear, celebrar a vida e fazer com que o aniversariante se sinta amado e acolhido pelos familiares e amigos. Nessa perspectiva, justifica-se a tradicional cantiga entoada nas festas de aniversário, que se inicia com *"Parabéns pra você, nesta data querida..."*.

Em caminho contrário a esses objetivos, percebe-se algumas vezes práticas ritualísticas pervertidas e desprovidas de sentido, que consistem em impor ao aniversariante algum tipo de transtorno, perturbação, incômodo ou hostilidade que, via de regra, está revestido de fortes doses de violência. Como exemplo dessas manifestações equivocadas, de mau gosto e aviltantes, podemos citar: aplicar "chazão" ou "cuecão"; quebrar ovos e jogar farinha na cabeça do aniversariante; trotes vexatórios.

Em todas essas práticas está implícita uma agressão. De forma velada ou explícita, caracterizam uma violência e um desrespeito contra a pessoa homenageada. Como consequência podem advir resultados danosos à integridade física do aniversariante. No chazão ou cuecão, o nível de violência é enorme. A vítima é pega à força por um grupo de "amigos" que tentam arrancar-lhe a cueca. Inúmeros são os casos em que há lesões na genitália em decorrência dessa atitude. Ocorrem situações em que o aluno não vai para a aula no dia do aniversário para não ser hostilizado. No uso de ovo e farinha, além do desperdício de alimentos, que poderiam alimentar pessoas carentes, há também o risco de danos, principalmente aos olhos. Nos trotes praticados para comemorar conquistas, como passar no vestibular, há casos que acabaram em tragédia como a morte da pessoa "homenageada".

Enfim, ANIVERSÁRIO deve sempre ser uma data querida, em que a pessoa homenageada sinta o calor do carinho e da admiração que os familiares e amigos têm por ela. As demonstrações de carinho e afeto são mais bem recebidas e compreendidas pelas vias do afago, do abraço e do presentear com algo que faça com que a pessoa se sinta importante e valorizada em seu círculo relacional.

Escola: uma instituição parada no tempo

Uma rede de *fast food*, com muitos restaurantes espalhados pelo país, recebia todos os dias um mesmo grupo de clientes. Eles iam fielmente ao restaurante para saciar a fome e a sede. O responsável pelo restaurante esperava os seus clientes de portas abertas e os recebia com muito acolhimento e alegria. O restaurante organizou uma maneira de servir os alimentos do cardápio de forma que cada tipo de comida tinha o seu cozinheiro responsável. Exemplo: o arroz tinha um cozinheiro especialista em fazer arroz; a batata era feita por um cozinheiro especializado em batatas. Assim também acontecia com todos os outros alimentos do cardápio. Outra particularidade do restaurante era que os alimentos eram servidos de forma separada. Cada cozinheiro servia o seu prato. Enquanto o cliente comia arroz, não podia comer carne, por exemplo. Cada alimento tinha o seu tempo próprio para ser consumido, no refeitório próprio, com a presença do cozinheiro. Além disso, o cozinheiro servia os alimentos e ainda controlava a quantidade, a forma e a velocidade com as quais eles tinham que ser consumidos. Consumir feijão junto com arroz, os cozinheiros não permitiam. Também havia um horário preestabelecido para cada alimento ser consumido e todos deveriam consumi-lo ao mesmo tempo, mesmo não tendo fome, e não podiam sair do restaurante antes de terminar o tempo de cada refeição, que era de 50 minutos mais ou menos. O mantenedor da rede de restaurantes orientava que os cozinheiros servissem os alimentos juntos, num mesmo prato e ao mesmo tempo, porém, na prática, isso nem sempre acontecia. O nível de satisfação dos clientes com os serviços prestados pelos restaurantes não era dos melhores. Periodicamente os nutricionistas da rede de restaurantes faziam uma avaliação do estado nutricional dos clientes. Os resultados mostravam que havia muita gente subnutrida, com deficiências sérias em vários tipos de nutrientes. Isso preocupava a todos, pois não era possível entender esses elevados índices de subnutrição, considerando a farta e abundante disponibilidade de alimentos.

Nessa história, não é difícil entender as causas dos resultados da subnutrição, apesar da grande oferta de alimentos. Basta dar uma olhadinha para a forma com que a rede de *fast food* organizou seu atendimento e sua maneira de servir os clientes.

Fazendo uma transposição da rede de *fast food* para a organização das escolas, temos:

— Rede de *fast food* = Ministério da Educação;

— Restaurantes = Escolas;

— Clientes = Alunos;

— Saciar a fome e a sede = Aprender;

— Responsável pelo restaurante = Diretor;

— Maneira de servir os alimentos = Metodologia;

— Alimentos = Conteúdos;

— Cardápio = Currículo;

— Cozinheiro = Professor;

— Refeitório = Sala de aula;

— Cada alimento tinha o seu tempo próprio para ser consumido = Aula;

— Servir os alimentos juntos = Interdisciplinaridade;

— Nível de satisfação dos clientes não era muito boa = Indisciplina;

— Avaliações do estado nutricional = Sistema de avaliação;

— Subnutrição = Notas baixas.

O comparativo entre a rede de *fast food* e a escola tem como finalidade mostrar a urgente necessidade de se repensar a organização do espaço educativo nas escolas. Se os restaurantes podem nos ajudar nisso, então vamos imitá-los. Mãos à obra!

Para ajudar a repensar a escola, vamos partir de três perguntas.

1. Você sabe de tudo?

2. Você precisa saber de tudo?

3. Você usa tudo o que te ensinaram?

A resposta para essas três perguntas é: NÃO.

Então para começar a repensar a escola, faz-se necessário rever os objetivos intrínsecos da educação. Pela resposta dada às perguntas apresentadas, já deu para perceber que não precisamos saber tudo. Então, para começar a mudar a escola, precisamos começar a rever o que realmente necessitamos saber. A educação básica tem que valorizar mais os aspectos do SER, no sentido de desenvolver as qualidades humanas, de aprender a ser gente, respeitar o próximo e saber conviver em sociedade de forma harmoniosa e cooperativa. O maior equívoco da organização escolar atual está em supervalorizar o conhecimento científico, objeto da cognição e da racionalidade, como sendo os saberes essenciais que precisam ser aprendidos. O aluno fica a maior parte do tempo confinado numa "cela de aula", onde obrigatoriamente tem que aprender aquilo que o professor quer, mesmo contra a sua vontade, seu interesse ou sua motivação. Aqueles que gritam contra esse engessamento, porque não querem estar ali, ou queriam estar aprendendo ou fazendo outras coisas, são rotulados de indisciplinados e são excluídos do grupo. Convencionou-se que a aprendizagem tem que acontecer com dia e hora marcados, sob o controle e ritmo do professor.

Dinâmica Didagógica

Objetivo:

1. Mostrar a importância do trabalho interdisciplinar na abordagem dos conteúdos curriculares, fazendo com que os professores percebam que os conteúdos brotam do cotidiano e precisam ser compreendidos como sendo experiência de vida vivida em seus múltiplos âmbitos de relacionamento.

2. Mostrar a urgente necessidade de mudar a estrutura organizacional da escola. A estrutura atual está parada no tempo.

3. O nome "DIDAGÓGICA" nasce da junção das sílabas das palavras DIDÁtico e pedaGÓGICA, pois a dinâmica pretende ser didática e pedagógica para atingir os seus objetivos.

Metodologia:

1. A dinâmica consiste em fazer o grupo passar por uma experiência concreta de um restaurante que serve os seus alimentos de forma separada, conforme descrito na história da rede de *fast food* anteriormente.

2. Cada alimento deverá ser servido separadamente, adotando-se uma metodologia análoga a como são servidos os conteúdos em sala de aula pelos professores. Deve-se incorporar o jeito de professor em todos os detalhes. Por exemplo: explicar a origem do alimento, para que serve, controlar a atitude dos alunos etc.

3. Pode-se organizar vários grupos e fazer o rodízio dos(as) cozinheiros(as) de forma que cada cozinheiro(a) faça contato com cada grupo e sirva o seu alimento.

4. O tempo de duração da experiência fica a critério dos organizadores.

5. Após terem sido servidos todos os alimentos (sugere-se que sejam no mínimo cinco tipos diferentes, correspondendo às cinco aulas de um dia), reunir o grupo para uma roda de conversa. Nessa roda de conversa, o mediador disponibilizará a palavra para que os integrantes partilhem as suas sensações durante a experiência, a partir de perguntas como: "Foi bom?", "Gostou?", "Como se sentiu?", "Os alimentos estavam bons?", "Estava com fome?", "Tinha vontade de comer?", "Gosta de um determinado alimento?". Se no decorrer da roda de conversa forem aparecendo as relações entre a dinâmica e a sala de aula, o mediador deve dar abertura para que o grupo possa formular as suas conclusões. Caso contrário, o mediador fará essas conexões.

Cuidado!
Celular faz mal à saúde

Quando consumimos algo em excesso, são comuns os efeitos colaterais resultantes do uso desregrado. Com relação ao celular e às mídias digitais não é diferente. Percebe-se crianças de todas as idades com um celular na mão. Os pais optam por terceirizar o cuidado com os filhos a uma babá eletrônica. O envolvimento excessivo da criança com eletrônicos, tais como televisão, smartphone, internet, videogame, é prejudicial.

Essa "terceirização" traz prejuízos enormes ao desenvolvimento saudável desse público, pois anula a criatividade; acarreta isolamento, desabilidade social, introspecção, deslocamento da atenção, sinais de hiperatividade, alterações alimentares, distúrbios do sono, hipolinguagem, miopização, sedentarismo e alterações posturais.

O envolvimento exagerado de crianças e adolescentes com dispositivos eletrônicos afeta de maneira negativa o desenvolvimento cognitivo, psicomotor, social e afetivo. Esse alerta vem sendo feito por especialistas da Neurociência, Psiquiatria, Pediatria e Psicologia, que corroboram seus efeitos maléficos, quando utilizados de forma indiscriminada e exagerada. Os dispositivos eletrônicos afetam o desenvolvimento de padrões de comportamento e alteram princípios éticos e morais, exteriorizados através do anonimato, conflito de valores, isolamento, ideia de autossuficiência, dificuldade de estabelecer relacionamentos saudáveis, insensibilidade social, entre outros.

O acesso fácil às Tecnologias da Informação e comunicação, aliado ao encantamento do mundo midiático e aos interesses econômicos insaciáveis, traz uma sensação de "normalidade" no tocante ao uso desses equipamentos. Porém o manuseio desses dispositivos, por crianças e adolescentes, requer limites. Os especialistas recomendam o uso nas seguintes escalas de tempo e sempre com a supervisão de um adulto: até 2 anos — zero; de 3 a 5 anos — uma hora por dia; de 6 a 18 anos — duas horas por dia.

No estado do Paraná, a Lei 18.118, de 24 de junho de 2014, e no Brasil a Lei 15.100/2025, proíbem o uso de equipamentos eletrônicos nas escolas, exceto para fins pedagógicos e com a supervisão de um educador. Nessa linha de ação, as escolas normatizam em seus regimentos, critérios e restrições sobre o uso de dispositivos eletrônicos pelos educandos.

Faz-se necessário que a família amplie o conhecimento sobre os malefícios do uso desordenado de dispositivos eletrônicos no desenvolvimento saudável dos filhos. É preciso agir na prevenção para evitar prejuízos que podem conduzir a uma "dependência tecnológica", termo que vem sendo utilizado pela área médica e educativa para caracterizar o uso compulsivo e descontrolado de equipamentos eletrônicos, com características de causa e efeito semelhantes às da dependência química.

Posfácio

Quero concluir estes apontamentos sobre a vista do meu ponto registrando que, do meu ponto de vista, vi um mundo mirabolante, fantástico e intrigante. Tudo que vi impactou de alguma forma na consolidação do meu ser, meus valores, minhas convicções, minhas opiniões, enfim, minha visão de mundo. O leitor não necessariamente terá que concordar com as minhas percepções e elocubrações. Desejo somente deixar um pequeno rastro daquilo que pude perceber do mundo, que aqui chamo de "a vista do meu ponto", ciente de que todo ser pensante pode perscrutar a realidade através de matizes diferentes dos meus.